BIBLIOTHÈQUE

DES

ÉCOLES CHRÉTIENNES,

APPROUVÉE

PAR Mgr L'ARCHEVÊQUE DE TOURS.

Propriété des Éditeurs,

JÉRUSALEM ET LA JUDÉE P. 92.

Vue de Jérusalem

JÉRUSALEM
ET
LA JUDÉE

DESCRIPTION

de la Palestine ou Terre Sainte

Chapelle du Saint Sépulcre

Tours

Ad Mame & Cie

ÉDITEURS

JÉRUSALEM
ET
LA JUDÉE.

DESCRIPTION

DE

LA PALESTINE OU TERRE-SAINTE,

Précédée de considérations sur l'histoire de ce pays depuis les premiers temps jusqu'à nos jours.

PAR E. GARNIER.

TOURS,
A^d MAME ET Cie, IMPRIMEURS-LIBRAIRES.
1843

CHAPITRE PREMIER.

INTRODUCTION.

Intérêt qu'offre l'histoire de la Palestine. — Chaîne des traditions sacrées. — Description physique de la Palestine. — Population. — Fertilité. — Montagnes. — Divisions géographiques.

Le pays auquel les modernes donnent le nom de Palestine, est une partie de la Turquie d'Asie, comprise entre les 31° et 34° de latitude nord, et bornée par la Méditerranée, le désert de Syrie, le Jourdain et la mer Morte. Tout à la fois berceau de notre croyance religieuse et de nos plus anciennes connaissances historiques, cette remarquable contrée a, de tout temps, excité le plus haut intérêt et la plus vive curiosité. Habitée pendant plusieurs siècles par un peuple qui ne ressemblait à aucun autre, elle a été le théâtre d'une série d'événements uniques dans les annales du monde, et qui la rendent doublement importante aux yeux du philosophe et du savant. Mais surtout quel intérêt immense se rattache à l'histoire de la Palestine pour le lecteur vraiment chrétien ! Toutes les parties du territoire de ce pays, ses montagnes, ses vallées, ses déserts même, offrent à chaque pas des lieux consacrés par quelque trait de la vie de notre divin Sauveur.

Il est facile de se rendre compte comment les traditions qui se rapportent à chaque lieu ont été conservées et sont parvenues jusqu'à nous. Si, dans les premiers temps du christianisme, on accordait une grande importance à la plus mince localité de la Judée, cependant on s'attachait plus particulièrement à celles qui avaient été sanctifiées par les souffrances et le triomphe de Notre-Seigneur. On croira aisément que les premiers chrétiens aient remarqué avec soin les lieux témoins des actions de leur divin Maître; les apôtres et les parents de Jésus-Christ, suivant la chair, n'ignoraient rien de sa vie, des actes de son ministère, de sa mort, et comme le Golgotha et le mont des Oliviers étaient hors de la ville, ils avaient moins de difficultés pour prier aux lieux sanctifiés par les séjours réitérés et par les miracles du Christ.

La connaissance de ces lieux ne fut pas longtemps renfermée dans un petit cercle de disciples; le nombre des fidèles augmenta rapidement, et il paraît qu'une congrégation régulière existait à Jérusalem trois ans après la mort de Jésus-Christ. Si les premiers chrétiens consacrèrent des monuments à leur culte, n'est-il pas probable qu'ils les élevèrent de préférence aux endroits qu'avaient illustrés quelques miracles ?

Au commencement des troubles de la Judée, sous Vespasien, les chrétiens de Jérusalem se retirèrent à

Pella, et aussitôt que la ville eut été renversée, ils revinrent habiter parmi ses ruines. Dans un espace de quelques mois, ils n'avaient pu oublier la position de leurs sanctuaires, qui, se trouvant d'ailleurs hors de l'enceinte des murs, ne durent pas souffrir beaucoup du siége. Que les lieux sacrés fussent généralement connus au temps d'Adrien, c'est ce que l'on prouve par un fait sans réplique. Cet empereur, en rétablissant Jérusalem, éleva une statue à Vénus sur le mont du Calvaire, et une statue à Jupiter sur le Saint-Sépulcre; la grotte de Bethléem fut livrée au culte d'Adonis. Ainsi, la Providence voulut que l'idolâtrie publiât elle-même, par ses profanations, cette sublime doctrine de la croix qu'elle avait tant d'intérêt à cacher ou à calomnier.

Il est généralement admis que sous ce règne et même sous celui de Dioclétien, les chrétiens de Jérusalem, nouvellement nommée Œlia Capitolina, célébraient publiquement leurs mystères, et que, par conséquent, ils avaient des autels consacrés à leur culte, et, s'ils n'avaient plus alors la jouissance du Saint-Sépulcre, du Calvaire et de Bethléem, ils ne pouvaient toutefois perdre la mémoire de ces sanctuaires : les idoles leur en marquaient la place. Bien plus, les païens mêmes espéraient que le temple de Vénus, élevé au sommet du Calvaire, n'empêcherait pas les chrétiens de visiter cette colline sacrée, et ils se réjouissaient dans la pensée que les Nazaréens, en venant prier au Golgotha, auraient l'air d'adorer la fille de Jupiter. C'est une nouvelle preuve que, vers le milieu du deuxième siècle, l'Église de Jérusalem conservait une connaissance parfaite des lieux saints.

La conversion de Constantin donna une nouvelle

force à tous ces souvenirs; il ordonna à Macaire, évêque de Jérusalem, de bâtir sur le tombeau de Jésus-Christ une superbe basilique, et quand Hélène, mère de l'empereur, se transporta en Palestine, elle fit chercher le Saint-Sépulcre caché sous les édifices d'Adrien, et eut la gloire de rendre à la religion ce monument sacré. Outre l'église du Saint-Sépulcre, Hélène en fit élever deux autres; l'une sur la crèche du Messie à Bethléem, l'autre sur la montagne des Oliviers, en commémoration de l'Ascension. Des chapelles, des oratoires, des autels, marquèrent peu à peu tous les endroits consacrés par les actions du Fils de l'homme, les traditions orales furent écrites et mises à l'abri de l'infidélité de la mémoire.

Depuis cette époque jusqu'à nos jours, la dévotion des chrétiens et la cupidité des musulmans ont suffisamment conservé le souvenir de ces lieux et des grands événements qui s'y sont accomplis, et les siècles n'ont pas affaibli l'impression de respect et de vénération qui est toujours excitée par la vue de ces endroits qui témoignent des faits miraculeux racontés dans les saints Évangiles.

L'étendue de la Palestine a varié à différentes époques, suivant la nature des gouvernements que les Israélites s'y choisirent ou furent forcés de reconnaître. Lorsqu'ils occupèrent pour la première fois la terre de Chanaan proprement dite, elle s'étendait de la Méditerranée à la rive occidentale du Jourdain, dans une largeur de cinquante milles, tandis que sa longueur était triple. Plus tard, les armes victorieuses de David et de son successeur immédiat reculèrent les bornes du royaume jusqu'à l'Euphrate et l'Oronte d'une part, et de l'autre jusqu'aux frontières les plus éloignées d'Édom et de Moab. La population dut subir les mêmes variations : sans entrer dans les discussions interminables élevées à ce sujet, nous dirons que, d'après de graves autorités, on doit porter à deux millions le nombre des Israélites qui sortirent d'Égypte sous la conduite de Moïse, et que le nombre de ceux qui suivirent Joab s'élevait à cinq millions et demi.

Ceux qui prétendent que ces calculs sont exagérés tirent leurs arguments de ce que le sol ne pouvait nourrir une aussi grande quantité de bouches; on leur répond en disant que la fertilité de la terre de Chanaan est très-remarquable, et que ce n'est pas sans raison que Moïse la décrit comme « un bon pays, un pays de torrents, de fontaines, qui coulent par les campagnes et par les montagnes; — un pays de blé, d'orge, de vignes, de figuiers et de grenadiers; — un pays d'huile et de miel; — un pays où tu mangeras ton pain sans craindre la disette, et où rien ne te manquera. »

Les récits des derniers voyageurs confirment l'exactitude du tableau tracé par le grand législateur des Hébreux. Près de Jéricho, les oliviers sauvages portent de beaux fruits et une huile très-fine. Dans les lieux arrosés, le même champ, après avoir donné des blés au mois de mai, produit des légumes à l'automne; plusieurs arbres fruitiers sont continuellement chargés en même temps de fruits et de fleurs; les mûriers, plantés en ligne dans les campagnes, sont enlacés de branches de vignes. Si, dans les chaleurs, cette végétation semble languir et même s'éteindre; si, dans les montagnes, elle est de tout temps clair-semée, il ne faut pas s'en prendre uniquement à la nature de tous les climats chauds et secs, mais encore à l'état de barbarie où sont plongés les habitants actuels du pays. On aperçoit encore les restes des murs au moyen desquels les anciens habitants soutenaient les terres, les débris des citernes où ils recueillaient les eaux des pluies, et les traces des canaux par lesquels les eaux se distribuaient dans les campagnes. Quels prodiges de fertilité, de tels soins ne devaient-ils pas produire sous un soleil ardent, dans un sol où il suffit d'un peu d'eau pour vivifier les germes des végétaux ! Moïse a pu réellement dire que, dans le Chanaan, il coulait du lait et du miel, car les troupeaux des Arabes y trouvent encore des pâturages abondants, et les abeilles sauvages amassent dans le creux des rochers un miel parfumé qu'on voit quelquefois en découler.

De tout temps on a signalé la notable différence qui existe entre les deux versants des montagnes constituant la chaîne centrale de la Judée. A l'ouest, le sol s'élève des bords de la mer vers les montagnes en formant quatre terrasses. Le rivage se couronne de lentisques, de palmiers et de nopals; plus haut, les vignes, les oliviers, les sycomores, récompensent amplement les soins de l'agriculteur; des bosquets naturels se forment de chênes verts, de cyprès et de térébenthiers; la terre se couvre de romarins, de cystes et d'hyacinthes; des voyageurs ont dîné à l'ombre d'un citronier de la grandeur de nos plus forts chênes; ils ont vu des sycomores qui ombrageaient trente personnes avec leurs chevaux. Du côté de l'est, le spectacle change complétement; dans le désert, qui, des montagnes, s'étend jusqu'à la mer Morte, on ne voit que des pierres, du sable, des cendres et quelques arbustes épineux. « Les flancs des monts s'élargissent, dit Châteaubriand, et prennent à la fois un aspect plus grand et plus stérile ; peu à peu la végétation se retire et meurt, les mousses même disparaissent, une teinte rouge et ardente succède à la pâleur des rochers.... Au centre de ces montagnes, se trouve un bassin aride, fermé de toutes parts par des sommets jaunes et rocailleux ; ces sommets ne s'entr'ouvrent qu'au levant pour laisser voir le gouffre de la mer Morte et les montagnes lointaines de l'Arabie. Au milieu de ce paysage de pierres, dans l'enceinte d'un mur, on aperçoit de vastes débris ; des cyprès épars, des buissons d'aloès et de nopal, quelques masures arabes, pareilles à des sépulcres blanchis, recouvrent cet amas de ruines : c'est la triste *Jérusalem*. » Cette mélancolique peinture de la ville sainte, au troisième siècle *, lui convient encore aujourd'hui : l'aspect du paysage est le même, et celui de la vénérable cité a peu changé.

Décrivons maintenant l'ancienne Palestine. Au sud de Damas s'étendent les contrées nommées Auranitis Gaulonitis par les anciens, aujourd'hui Hauran et Chaulân, contrées formées presque en entier par une vaste et superbe plaine, où on ne trouve cependant pas une seule rivière qui conserve de l'eau pendant l'été ; il n'y a que des torrents ou ouadi. Chaque village a un étang que les ouadi remplissent durant la saison des pluies, et qui, pendant le reste de l'année, fournit l'eau nécessaire aux habitations environnantes. Dans toute la Syrie, il n'y a pas de contrée

---

* Elle est tirée des *Martyrs*, dont l'action se passe au troisième siècle.

plus renommée pour la culture du froment que le Hauran.

Le district Bothin, l'ancienne Batania, ne renferme que des montagnes calcaires ; on y voit de vastes cavernes creusées dans le roc, et où des familles de bergers arabes vivent à la manière des anciens Troglodytes. C'est là, qu'en 1816 M. Seetzen a découvert les magnifiques ruines de Gerasa, où des temples, des amphithéâtres et plusieurs centaines de colonnes encore debout, attestent la puissance romaine. Dans le voisinage, l'ancienne Gilead offre ses forêts de chênes à noix de galle ; Peroea présente, sur ses nombreuses terrasses, un mélange de vignes, d'oliviers et de grenadiers ; enfin, Karrab, Moab, chef-lieu d'un canton qui répond à l'ancienne Moabitis, telles sont les contrées à l'orient du Jourdain.

Cette rivière, dans la partie supérieure de son cours, sépare du pays de Chaulân, la fertile et pittoresque Galilée, qui forme aujourd'hui le district de Safad. La ville de ce nom est l'ancienne Béthulie qu'assiégea Holopherne ; elle occupe une montagne au pied de laquelle s'étendent de toutes parts des bosquets de myrtes. Tabarya, mauvais bourg, remplace la grande ville de Tiberias, qui donna son nom au lac voisin, appelé aussi le lac Genezareth ou la mer de Galilée. Des dattiers, des orangers, des indigotiers couronnent ce pittoresque bassin ; mais aucune barque de pêcheur ne cherche à s'emparer des innombrables poissons qui s'y jouent. Nazareth est un bourg médiocre, et deux lieues au sud, s'élève le pays d'Esdrelon, véritable pyramide de verdure ; les oliviers et les sycomores en couronnent le sommet, où s'étend une plaine couverte de blé sauvage ; c'est le mont Thabor, l'Atabyrion des anciens. Du haut de ce mont, témoin de la transfiguration de Jésus-Christ, la vue plonge sur le Jourdain, le lac de Tibérias et la Méditerranée. La Galilée serait un paradis si elle était habitée par un peuple industrieux. On y voit des ceps de vignes qui ont un à deux pieds de diamètre, et qui forment avec leurs branches de vastes salles de verdure : une seule grappe de raisin suffit, avec de l'eau et du pain, au souper d'une famille entière. Depuis plusieurs années, cette riche contrée gémit sous le despotisme turc, les champs demeurent sans culture, les villes et les villages sont presque abandonnés.

L'ancienne Samarie comprend les districts d'Areta et de Naplouse. Dans la première on trouve les restes de Césarée, et sur le golfe de Saint-Jean-d'Acre le bourg de Caïffa. Au sud-ouest du golfe, s'étend la chaîne de montagnes dont le promontoire est spécialement connu sous le nom de Carmel, nom fameux dans les annales de la religion ; là, le prophète Élie prouva par des miracles sa mission divine ; là, des milliers de religieux chrétiens vivaient dans des grottes taillées dans le roc. Alors toute la montagne était couverte de chapelles et de jardins : aujourd'hui, l'on n'en voit que les ruines éparses au milieu de forêts de chênes et d'oliviers au-dessus desquels on voit surgir de distance en distance les pointes blanches et déchirées des roches calcaires.

La ville de Naplouse, l'ancienne Neapolis du siècle d'Hérode, plus connue sous son nom primitif de Sichem, renferme, dans des maisons de peu d'apparence, une population considérable pour ce pays désert. Les Samaritains adorent encore Jéhovah sur les verdoyantes hauteurs de Garizim.

La Judée proprement dite comprend encore le district de Gaza, ou le pays des Philistins. Outre la ville principale de Gaza, on trouve dans ce canton le célèbre port de Jaffa, autrefois Joppé. Tour à tour fortifiée ou démantelée, dévastée et rebâtie, cette ville change continuellement de face dans les relations des voyageurs, suivant l'époque à laquelle ils l'ont visitée.

Bethléem, où naquit le divin Messie, est un gros village habité par des chrétiens et des musulmans qui s'accordent dans leur penchant à la révolte; l'emplacement de la sainte crèche est recouvert d'une église magnifique, ornée par les dons pieux de toute la chrétienté. Hébron, qui possède, dit-on, le tombeau d'Abraham, est, à ce titre, vénéré des musulmans comme des chrétiens.

Au nord-est de Jérusalem, dans la grande et fertile plaine d'El-Gor qu'arrose le Jourdain, on visite le village de Rihha, l'ancienne Jéricho, que Moïse appelle la cité des palmiers : elle mérite ce nom ; mais les plantations du baumier, de la muque ont disparu, et les environs de cette ville ne se parent plus de ces fleurs nommées à tort *roses de Jéricho*.

A l'orient, deux chaînes de montagnes âpres et arides enferment, entre leurs murailles noirâtres, un long bassin creusé dans des terres argileuses, mêlées de couches de bitume et de sel gemme. Les eaux de la mer Morte, qui recouvrent cet enfoncement, sont imprégnées de sel. L'asphalte s'élève de temps à autre du fond du lac, flotte sur sa surface et est recueilli sur les rivages ; autrefois on allait en nacelle ou en radeau le chercher au milieu du lac. D'après la plupart des descriptions publiées sur ce lac désolé, il n'y existe ni poissons, ni coquillages ; une vapeur malsaine s'en élève quelquefois, et ses rives affreusement stériles ne retentissent des chants d'aucun oiseau.

Nous ne nous étendrons pas davantage sur la description de la Palestine ; mais ce tableau sommaire du pays était nécessaire pour l'intelligence des récits historiques qui vont suivre. Après avoir retracé les grands événements dont ces contrées furent le théâtre, nous entreprendrons de décrire avec détail Jérusalem et tous les lieux consacrés, voisins de la cité sainte.

CHAPITRE II.

HISTOIRE DES HÉBREUX SOUS LA RÉPUBLIQUE.

Etat primitif des Hébreux en Égypte, — dans le désert, — dans la terre promise. — Nature de la propriété. — Division du sol entre les tribus. — Dénombrement général. — Organisation de la tribu. — Prince des tribus. — Chefs de famille. — Organisation de la nation. — Grand conseil. — Juge d'Israël. — Administration de la justice. — Etat social du peuple. — Vie agricole. — Institution des Lévites. — Cités lévitiques, leur immense utilité. — Villes de refuge. — Gouvernement des juges, leurs vertus, leurs vices.

De savants commentateurs ont fait de longues et curieuses recherches sur la forme précise du gouvernement des Israélites quand ils prirent possession de la terre promise ; ce problème est d'autant plus difficile à résoudre, que le livre saint se tait sur ce sujet. Sans entrer dans les discussions auxquelles ces matières ont donné lieu, nous nous bornerons à parler des points qui sont placés hors de toute controverse.

Tant que les Israélites restèrent en servitude sous le joug égyptien, ils continuèrent d'observer l'obéissance aux ordres des chefs de famille ; c'était une conséquence de la vie patriarcale de leurs pères. Chaque chef avait ainsi la direction de tous les membres de la famille et contrôlait sans cesse leurs actions, tandis que lui-même n'était soumis à aucune autorité. Mais durant le pèlerinage dans le désert, et surtout lorsqu'on approcha de la terre de Chanaan, les chefs de famille se soumirent à l'autorité militaire de Moïse, qui fut regardé par tous ses compagnons comme le lieutenant de Jéhovah. Alors les princes des tribus et les chefs de famille devinrent des commandants militaires ayant sous leurs ordres, les uns mille hommes, les autres cent, ou seulement cinquante. Dès qu'ils furent maîtres de la terre de Chanaan, et aussitôt qu'ils purent quitter l'épée et s'occuper d'agriculture, le peuple entier reprit son ancienne organisation, et lorsque Josué remit le pouvoir qui lui avait été confié par l'Éternel, dans la belle exhortation qu'il adresse au peuple, il ne fit aucune allusion à la forme du gouvernement qu'on devait adopter. Les tribus continuèrent à vivre indépendantes les unes des autres, s'occupant uniquement de leurs propres affaires, et pouvant faire la paix ou la guerre sans l'assentiment du conseil général de la nation. On a sur cette époque des notions suffisantes pour donner une idée de ce qu'était la république des Hébreux sous les successeurs de Josué; mais avant d'entrer dans ces détails, il convient de parler de la constitution *de la propriété* et de la manière dont elle se transmettait, parce que ce fut en quelque sorte la base de tout le système politique.

Le territoire de Chanaan fut divisé entre les tribus et entre les familles, suivant leur importance numérique. Le grand-prêtre Éléazar, Josué, qui n'agissait plus que comme simple juge, et les douze princes des tribus furent chargés de cette grande œuvre nationale.

Chaque tribu fut ainsi en possession d'une province ou d'un district séparé, dont les habitants sortaient tous du même tronc, étaient enfants du même patriarche; tous les membres d'une famille furent placés les uns à côté des autres, dans une même division de la tribu.

Afin d'assurer la permanence et de conserver l'indépendance respective des tribus, le législateur avait ordonné que la propriété de chacun des Israélites serait inaliénable. Quelque gêne qu'éprouvât le possesseur d'un terrain, quels que fussent ses engagements contractés avec ses créanciers, il était libéré de toutes ses dettes à l'époque du Jubilé, qui revenait chaque cinquantième année.

Les propriétaires des maisons bâties dans les champs et dans les villages jouissaient de priviléges analogues; dans tous les temps ils pouvaient racheter la maison qu'ils avaient vendue, en remboursant le prix qu'ils en avaient reçu, et ces propriétés revenaient à leur famille l'année du Jubilé. Mais les maisons des villes et des gros bourgs n'étaient rachetables que pendant une année, après laquelle elles étaient irrévocablement aliénées : il existait cependant une exception en faveur des Lévites, qui pouvaient toujours racheter leurs maisons de villes, et qui jouissaient en outre du privilége du Jubilé.

De même que beaucoup d'autres nations dont l'état social était semblable, les Hébreux ne possédaient leurs terres qu'à la condition d'un service militaire : tout homme âgé de vingt ans accomplis devait prendre les armes pour défendre son pays. Ce fait est évidemment prouvé par ce qui se passa dans l'assemblée des chefs des tribus, dans la guerre faite aux enfants de Benjamin. Lors de la revue rassemblée à Masphat, on s'aperçut qu'aucun des citoyens de Jaber-Galaad n'avait joint le camp ; on dépêcha immédiatement douze mille hommes pour massacrer les habitants de cette ville rebelle, et le sénat leur ordonna de les passer au fil de l'épée, ainsi que les femmes et les petits enfants ; les vierges seules furent épargnées et données en mariage aux Benjamites lorsqu'on eut fait la paix avec eux.

Nous arrivons maintenant à la constitution civile des Hébreux, soit qu'on les considère comme corps de nation, soit qu'on regarde chaque tribu comme formant un tout distinct.

Les tribus d'Israël étaient au nombre de douze, descendant des douze fils de Jacob. Cependant, la postérité de Joseph était divisée en deux portions, les descendants d'Ephraïm et ceux de Manassès, ce qui portait le nombre des tribus à treize ; d'un autre côté, la tribu de Lévi ne comptant pas, parce que ses membres étaient voués au sacerdoce, il ne restait en définitive que douze tribus soumises à la loi commune. Le chapitre XXVI du livre des Nombres donne l'état exact des combattants réunis dans la plaine de Moab, et où tous les hommes âgés de vingt ans étaient présents ; le total était de cinq cent quatre-vingt-trois mille sept cent trente hommes ; si on ajoute à ce nombre celui de vingt-trois mille Lévites, on aura pour la totalité de la population au-dessus de vingt ans, six cent six mille sept cent trente hommes.

Chaque tribu obéissait à un supérieur, appelé le

prince de la tribu, et chaque famille avait son chef. Ce mot de famille ne doit pas être pris dans son acception ordinaire, signifiant un même ménage; mais dans le sens héraldique, qui comprend sous cette dénomination toute la ligne descendant d'un ancêtre commun, et formant les diverses branches d'un même tronc.

Dans le chapitre XXVI des Nombres, on voit qu'avant de traverser le Jourdain, les chefs de familles étaient au nombre de cinquante-sept; en y ajoutant les treize princes ou chefs des tribus, on arrive au chiffre de soixante-dix. C'est sur ce fait que s'appuie l'opinion de ceux qui prétendent que le grand conseil formé par Moïse dans le désert, et qui comptait dans son sein soixante-dix membres, était uniquement composé de ces patriarches, qui étaient regardés comme ayant un pouvoir héréditaire sur les diverses sections du peuple.

Il est probable que le premier-né de la plus ancienne famille de la tribu en était ordinairement le prince, de même que l'aîné de chaque famille succédait à son père dans les droits et les fonctions de patriarche. Cependant il existe un exemple qui prouve au moins que cette règle n'était pas générale : à la revue passée par Moïse, au pied du Sinaï, Nahasson est nommé comme prince de la tribu de Juda, quoique son père existât encore; d'où on peut conclure que si cette qualité n'était pas élective, elle n'appartenait pas toujours à l'aîné des descendants directs du chef primitif.

Ainsi, chaque tribu avait son chef, qui présidait à ses affaires particulières, rendant la justice dans les cas ordinaires, et conduisant les troupes en temps de guerre. Dans ces importantes fonctions, il était assisté par des officiers subalternes, les chefs héréditaires des familles, qui formaient un conseil chargé de l'aider dans l'administration des affaires publiques, de veiller à l'exécution de ses décisions dans les causes civiles et criminelles, et de commander sous lui dans les entreprises militaires.

Mais le système politique établi par le législateur des Hébreux, ne fut pas borné à la constitution de chaque tribu prise isolément, ses ordonnances avaient aussi pour but, d'assurer la prospérité commune de la nation. Dans toutes les occasions importantes, les tribus devaient réunir leurs conseils et combiner leurs forces. Durant les premiers temps qui suivirent l'établissement des Hébreux sur la terre promise, époque où l'ordre ne régnait pas encore, on trouve les traces d'un gouvernement central : un conseil ou sénat national, dont les délibérations décidaient des affaires difficiles et hasardeuses; un juge exerçant l'autorité exécutive en qualité de premier magistrat de la république; enfin la voix de la nation tout entière, dont le concours paraît avoir été nécessaire, dans tous les temps, pour assurer l'effet des résolutions des chefs. A ces parties constitutives de l'ancien gouvernement d'Israël, nous devons ajouter *l'oracle ou la voix de Jéhovah*, sans la sanction duquel, aucune mesure de quelque importance ne pouvait être adoptée ni par le conseil ni par le juge.

Malgré l'étendue du pouvoir dont jouissaient le sénat et le juge, ils n'avaient pas celui de faire de nouvelles lois susceptibles de changer l'état de la nation.

Quelques savants pensent que le conseil des soixante-dix, établi par Moïse dans le désert, cessa d'exister quand les Hébreux eurent pris possession de la terre de Chanaan. Suivant eux, le conseil général, dont il est question à l'occasion des événements qui suivirent cette époque, n'était que la réunion momentanée des chefs des tribus et de ceux des familles pour traiter les affaires politiques de quelque importance.

On a vu que le pouvoir suprême fut occasionnellement exercé par les juges, sorte de magistrature à laquelle on ne trouve rien de comparable chez aucune autre nation. « Les juges, dit le savant Dupin (Histoire complète du droit canon), n'étaient pas des magistrats ordinaires, mais des hommes choisis par l'Éternel, et que les Israélites regardaient comme chefs du gouvernement, soit pour les avoir délivrés de l'oppression sous laquelle ils gémissaient, soit à cause de leur sagesse et de leur équité. Suivant la loi de Jéhovah, leurs fonctions consistaient à commander les armées, à faire la guerre ou la paix, et à rendre la justice. Ils différaient des rois, 1° en ce qu'ils n'étaient ni électifs ni héréditaires, car ils n'étaient élevés au pouvoir que d'une manière extraordinaire; 2° en ce qu'ils ont toujours refusé de prendre le titre ou la qualité de rois; 3° en ce qu'ils n'imposaient aucune taxe sur le peuple pour aider le gouvernement; 4° en leur manière de vivre, constamment éloignés de la pompe et de l'ostentation; 5° en ce qu'il leur était interdit de donner de nouvelles lois, et qu'ils devaient suivre les statuts contenus dans les livres de Moïse; 6° en ce que l'obéissance du peuple était volontaire et non forcée. »

Il est moins difficile de déterminer ce que les juges n'étaient pas, que de préciser les diverses parties de leurs fonctions compliquées. A la guerre, ils conduisaient à l'ennemi les armées d'Israël, et pendant la paix il est probable qu'ils présidaient une sorte de cour de justice qui devait être indispensable pour éclairer les points obscurs de la loi, et devant laquelle on appelait des décisions des tribunaux inférieurs. D'après plusieurs faits qui nous sont connus, il est à présumer que les causes étaient d'abord portées devant les juges de chaque ville, et qu'il était des cas où des connaissances plus profondes, une autorité supérieure, étaient nécessaires pour mettre d'accord les plaignants; alors le juge, chef et magistrat de la république, réunissait autour de lui un certain nombre de prêtres, et, aidé de leurs lumières, il prononçait en dernier ressort.

C'est ici le lieu de mentionner les mesures prises par Moïse relativement à la régulière administration de la justice, mesures qui ne furent mises à exécution que par Josué. Le législateur avait ordonné l'établissement de juges et de magistrats à toutes les portes des villes de chacune des tribus; il leur était défendu de recevoir des présents, parce que les présents aveuglent les yeux des sages et corrompent les sentiments des justes, et il leur était spécialement recommandé de n'avoir aucun égard à la qualité des personnes qui comparaissaient devant eux.

Josèphe, en rapportant la dernière exhortation de Moïse aux Hébreux, dit que le grand législateur les engagea à nommer sept juges dans chaque ville, et à choisir des hommes distingués par leur bonne conduite et leur impartialité.

Entre les juges et les magistrats ou officiers, il y avait, sans aucun doute, une distinction tranchée; cependant il est extrêmement difficile de fixer les limites de leurs fonctions, quoique ces matières aient exercé la sagacité de nombreux et savants commentateurs. Le plus célèbre de tous, Moïse Meimonide, prétend que, dans chaque cité contenant plus de cent vingt ménages, il y avait une cour de vingt-trois juges qui décidaient dans toutes les causes civiles et criminelles. Cette institution est celle dont parle Josèphe, qui dépeint cette cour comme étant composée de sept juges et de quatorze officiers inférieurs ou assistants choisis parmi les Lévites; en y ajoutant le président et son scribe, on a le nombre de vingt-trois juges indiqués par les écrivains juifs.

Dans les petites villes, il n'y avait que trois juges qui décidaient les questions de dettes, de vols, et les discussions d'héritages. Ils ne pouvaient infliger la peine capitale, mais ils prononçaient des peines corporelles ou pécuniaires qui variaient suivant la condition du délinquant et la nature du délit.

Durant les premiers temps de ces établissements judiciaires, et même lorsque le Sanhédrin eut été investi d'un pouvoir illimité sur la vie et la fortune des Hébreux, il y avait à Jérusalem deux juges qui siégeaient, l'un à la porte de Shusan, et l'autre à celle de Nicanor. Ainsi que le remarque le cardinal Fleury, « le lieu où les juges tenaient leurs audiences était la porte de la ville; car comme les Israélites étaient tous des laboureurs qui sortaient le matin pour aller à leur travail, et ne rentraient que le soir, la porte de la ville était le lieu où ils se rencontraient le plus, et il ne faut pas s'étonner qu'ils travaillassent aux champs et demeurassent dans les villes. Ces villes étaient des habitations d'autant de laboureurs qu'il en fallait pour cultiver les terres les plus rapprochées ; de là vient que, le pays étant fort peuplé, elles étaient en très-grand nombre : la seule tribu de Juda en comptait cent quinze dans son partage, et chacune avait des villages dans sa dépendance. » Les juges commençaient à siéger après les prières du matin, et demeuraient jusqu'à la fin de la sixième heure ; leur autorité continua d'être respectée par leurs concitoyens, longtemps après la destruction de Jérusalem. »

Il est important de remarquer que, pendant la période des juges, on ne trouve pas la moindre trace d'une distinction de rang établie par la fortune, les charges ou les professions. Les princes de Juda, comme les plus pauvres Benjamites, étaient tous agriculteurs ou bergers, labourant eux-mêmes leurs champs et gardant leurs troupeaux. Gédéon vannait son blé de ses propres mains, quand un ange vint lui annoncer qu'il avait été choisi par la divine Providence pour être le libérateur d'Israël. Booz suivait ses moissonneurs, quand il laissa tomber les dons de sa bienfaisance sur Ruth, la veuve de son parent. Lorsque Saül reçut la nouvelle du danger qui menaçait les habitants de Galaad, il conduisait ses troupeaux dans les champs. David était berger quand il fut amené en présence de Samuël pour être oint roi d'Israël ; et lorsqu'il fut monté sur le trône, lorsque ses talents militaires eurent étendu sa réputation parmi ses sujets et parmi les nations voisines, à l'époque annuelle de la tonte des brebis, il réunissait ses fils et leurs épouses, pour prendre part à leurs travaux et à leurs amusements. Sous le rapport de l'extraction et du lignage, chacun des descendants de Jacob marchait au même rang, et la seule prééminence d'un homme sur les autres était due à l'âge, à la sagesse, à la force et au courage, qualités qui furent toujours et partout les plus estimées dans l'enfance de la civilisation.

Que sous la domination des juges, le peuple ait été barbare et errant, cela est prouvé jusqu'à l'évidence par les événements qui se sont succédé, et par la direction de l'esprit public, durant les longues années qui se sont écoulées depuis la mort de Josué jusqu'à l'avénement de Salomon. Ces notions suffisent pour faire connaître les relations politiques qui ont existé entre les diverses nations de la Syrie, avant l'établissement du pouvoir royal à Jérusalem. Les guerres entreprises à ces époques reculées de l'histoire n'étaient pas entreprises dans des vues de conquêtes permanentes ou même d'agrandissement du territoire, mais plutôt dans le but de venger des insultes, d'exiger des tributs, de capturer du bétail et des esclaves. Quand les Hébreux étaient vaincus, les conquérants s'emparaient des terres et détruisaient les villes. Ce ne fut que plus tard, que les princes puissants qui régnaient entre l'Euphrate et le Nil formèrent un plan systématique de conquête. Ils ne se contentèrent plus de voir les Israélites soumis et tributaires ; ils voulurent les réduire à la condition de sujets et d'esclaves.

Les conséquences de la vie agricole, si différente de la vie nomade du désert, sont clairement démontrées par les changements qu'éprouvèrent les coutumes et le gouvernement civil des Hébreux, lorsqu'ils furent définitivement établis dans la terre de Chanaan. Ils passèrent par les divers états qui, dans tous les pays, ont marqué la transition de la vie pastorale aux institutions plus compliquées d'un peuple qui cultive le sol, non-seulement dans le but de fournir à ses besoins immédiats, mais aussi pour se procurer des objets de luxe fournis par les nations étrangères. Le pasteur des déserts d'Arabie n'a changé ni d'habitudes, ni de goûts; le temps s'est écoulé autour de lui, apportant aux autres peuples de nouveaux besoins, de nouvelles idées, mais lui reste toujours le même de siècle en siècle : les preuves de cet état stationnaire ressortent des relations de tous ceux qui ont parcouru les déserts de la Syrie et de l'Arabie. Là le voyageur se croit encore au temps des patriarches, et, dans les coutumes qu'il observe, il reconnaît, sans la moindre altération, les habitudes retracées dans l'histoire des temps les plus reculés.

Ce que nous avons dit de la constitution politique des Hébreux serait incomplet, si nous ne faisions une mention particulière de la tribu de Lévi, dont les fonctions et les revenus avaient été fixés par des lois spéciales. L'institution des Lévites n'était pas seulement spirituelle, car ils remplissaient plusieurs fonctions qui semblent plutôt appartenir à la vie séculière qu'à celle de simples prêtres. La tribu sacrée fournissait exclusivement à la nation ses juges, ses hommes de loi, ses savants et ses scribes. Moïse, à l'imitation des Égyptiens, avait établi que ces professions seraient héréditaires dans certaines familles des descendants de Lévi, qui, par cette raison, ne comptèrent pas au nombre des enfants d'Israël appelés au partage de la terre promise.

Il fut également ordonné que les Lévites, qui n'avaient eu aucune part à la distribution des terres entre les tribus, recevraient, pour leur entretien, le dixième de toutes les récoltes, leurs occupations étant incompatibles avec les travaux agricoles et le soin à donner aux bestiaux : libres de ces soins, ils consacraient leur vie entière à servir l'Éternel et à instruire le peuple.

Pour arriver à ce but, il était nécessaire que les membres de la tribu savante ne fussent pas renfermés dans un district particulier, mais fussent distribués entre toutes les tribus, suivant l'étendue de leurs possessions et leur population. C'est pourquoi la loi ordonne que quarante-huit villes seraient données aux Lévites avec une portion de terrain, dont le produit servirait à les nourrir ; ce terrain s'étendait dans une circonférence de deux mille coudées tout autour de la ville, qui devait occuper le centre.

Mais ce ne fut qu'après la conquête et le partage de la terre de Chanaan, que cet ordre reçut son entière exécution. Lorsque les tribus furent établies dans leurs possessions respectives, les enfants de Lévi rappelèrent à Josué les engagements de son prédécesseur, et leur demande ayant paru juste, on leur concéda les quarante-huit villes qui leur avaient été promises. Six de ces villes jouirent d'un droit spécial d'asile pour certaines classes de criminels. Un meurtrier pouvait demander son admission dans ces villes de refuge, ainsi qu'on les appelait, et les Lévites étaient obligés de le loger et de le nourrir gratuitement, jusqu'à ce que les juges compétents eussent prononcé sur son sort. Ces villes étaient : Hébron, Sichem, Cadès, Gaulon, Ramoth-Galaad et Bosor.

Chaque cité lévitique était en même temps une cour de justice et une école où la langue, les traditions historiques, l'interprétation de la loi étaient l'objet d'études continuelles ; dans chacune était déposée une copie des lois religieuses, morales et civiles, dont la conservation était confiée aux Lévites. Ils gardaient encore la généalogie des tribus, présentant le lignage de chaque famille depuis Jacob. Soigneusement instruits dans la connaissance de la loi, ils étaient également familiers avec les annales de la nation : ils servaient de magistrats et de scribes, administrant la justice et gardant registre de leurs décisions. Il est démontré que sous David et sous ses successeurs, les juges et les officiers étaient pris parmi les Lévites ; il n'y avait pas moins de six mille d'entre eux employés à ces diverses fonctions.

En terminant cette esquisse rapide, nous ne pouvons nous empêcher de faire observer combien le caractère du gouvernement des juges diffère des règles qui président ordinairement à la formation des sociétés humaines, et combien on y reconnaît manifestement la main de la céleste Providence. Choisis par l'Éternel, quand les circonstances où se trouvait son peuple exigeaient que le pouvoir fût remis aux mains d'un seul homme, les premiers chefs des Hébreux déployèrent des talents qui étaient une marque de leur haute mission, aussi bien que de la grandeur de l'entreprise qu'ils étaient appelés à terminer. Mais la main divine qui les guidait dans leurs guerres et dans leurs actes publics, semblait souvent les abandonner à la faiblesse humaine dans leur vie privée. Comme exemples de bravoure et d'héroïsme, on peut citer Gédéon, Samson, Jephté ; mais la sagesse divine, qui les choisit comme les instruments les plus propres à remplir ses célestes desseins, les livra souvent à leurs coupables passions, dans leur conduite particulière.

CHAPITRE III.

HISTOIRE DES HÉBREUX DEPUIS L'AVÈNEMENT DE SAUL JUSQU'A LA DESTRUCTION DE JÉRUSALEM.

Causes qui amenèrent l'établissement de la royauté. — Saül. — David. — Salomon. — Création du temple de Jérusalem. — Roboam. — Séparation de dix tribus, établissement du royaume d'Israël, sa destruction. — Royaume de Juda. — Joachim. — Sédition. — Captivité. — Babylone. — Lamentation de Jérémie. — Retour de la captivité. — Gouvernement des Perses. — Antiochus Épiphanes. — Les Machabées. — Règne des princes asmonéens. — Conquête de la Palestine par les Romains. — Gouverneurs romains. — Insurrection générale. — Prise de Jérusalem par Titus. — Dispersion des Juifs.

La faiblesse et la jalousie, qui paraissent inséparables d'un gouvernement comprenant plusieurs États indépendants, commencèrent à se manifester parmi les Hébreux sous l'administration d'Héli, et surtout dans les derniers temps de celle de Samuël. Établies en différentes parties du pays, les tribus étaient influencées par des intérêts de localité et par des pensées d'égoïsme : celles du nord, se trouvant à l'abri des invasions des Philistins et des Ammonites, refusaient de secourir leurs frères, les enfants de Siméon et de Juda, dont le territoire était constamment exposé aux ravages de leurs terribles voisins.

D'un autre côté, plusieurs nations de l'est et du nord menaçaient l'indépendance des douze tribus, principalement de celles qui avoisinaient le désert. L'existence des Hébreux, comme peuple libre et distinct, ne pouvait plus se maintenir sous la forme de gouvernement fédéral. Les anciens du peuple se rassemblèrent donc à Rama, et demandèrent à Samuël de leur donner un roi; le juge rapporta les paroles du peuple à l'Éternel, et l'Éternel dit à Samuël : « Obéissez à leur voix et établissez-leur un roi. »

Samuël choisit Saül, et les tribus approuvèrent ce choix à cause de ses talents militaires; leurs espérances ne furent pas trompées, sous le rapport du courage et de l'habileté. Mais l'impétuosité de caractère du nouveau roi, et la présomption qui le porta à vouloir usurper les fonctions sacerdotales, causèrent sa chute et l'extinction de sa famille.

Après Saül paraît David, grand roi, grand conquérant, grand prophète, digne de chanter les merveilles de la toute-puissance divine, homme enfin selon le cœur de Dieu, et qui, par sa pénitence, a fait tourner jusqu'à ses fautes à la gloire de son créateur. A ce roi célèbre était réservé l'honneur de conquérir et, pour ainsi dire, de fonder Jérusalem, devenue plus tard la capitale de la Palestine et le siége du gouvernement. Il porta la gloire de ses armes de tous côtés : il vainquit les Philistins, ces constants ennemis des tribus du sud, et ajouta leur territoire à celui d'Israël; et les Moabites, qui avaient provoqué son ressentiment, se virent privés d'une portion de leurs terres.

Mais la splendeur de ce règne ne fut pas à l'abri de la trahison et des séditions fomentées par les enfants mêmes du roi ; néanmoins, malgré la rébellion d'Absalon et la défection de plusieurs chefs militaires, David lègue à son successeur un royaume florissant, faisant de rapides progrès dans les arts et dans la civilisation, possédant déjà un commerce étendu, respecté de toutes les nations voisines et jouissant d'une grande prépondérance sur tous les petits gouvernements de l'Asie occidentale. Les dernières années de la vie de ce grand roi furent employées aux préparatifs nécessaires pour l'érection d'un temple à Jérusalem, œuvre qu'il ne lui fut pas donné d'accomplir, parce que ses mains, souvent baignées dans le sang, étaient indignes d'ériger un édifice consacré à un Dieu de miséricorde et de paix.

Les victoires de David avaient assuré un règne paisible à Salomon, et devaient, pour longtemps, garantir la Palestine des attaques des nations voisines. Jouissant des douceurs de la paix, possesseur d'un immense trésor, Salomon poursuivit la réalisation des pieuses intentions de son père, relativement au temple de l'Éternel, et il exécuta religieusement les ordres qui lui avaient été donnés lorsqu'il reçut la couronne. La plus grande gloire du règne de Salomon fut l'achèvement de ce merveilleux édifice. « Il le bâtit, dit Bossuet, sur le modèle du tabernacle : l'autel des holocaustes, l'autel des parfums, le chandelier d'or, les tables des pains de proposition, tout le reste des meubles sacrés du temple fut pris sur des pièces semblables que Moïse avait fait faire dans le désert : Salomon n'y ajouta que la magnificence et la grandeur. L'arche, que l'homme de Dieu avait construite, fut posée dans le Saint des saints, lieu inaccessible, symbole de l'impénétrable majesté de Dieu et du ciel, interdit aux hommes jusqu'à ce que Jésus-Christ leur en eût ouvert l'entrée par son sang. Au jour de la dédicace du temple, Dieu y parut dans sa majesté : il choisit ce lieu pour y établir son nom et son culte, il y eut défense de sacrifier ailleurs ; l'unité de Dieu fut démontrée par l'unité de son temple. Jérusalem devint une cité sainte, image de l'Église, où Dieu devait habiter comme dans son véritable temple, et du ciel, où il nous rendra éternellement heureux par la manifestation de sa gloire. »

L'achèvement de cette grande et pieuse entreprise contribua beaucoup aux progrès et à la civilisation du peuple hébreu. Les artistes étrangers, que Salomon fit venir, les matériaux qu'on allait chercher à une grande distance, établirent à Jérusalem un commerce régulier. Le blé, que la Syrie produisait en abondance, fut échangé aux marchands de Tyr contre des objets que les Israélites ne pouvaient fabriquer ; et, quoiqu'une grande obscurité règne encore sur les routes que suivirent les vaisseaux de Salomon, il est probable que ses flottes voguèrent en même temps sur la Méditerranée, sur la mer Rouge et sur le golfe Persique.

Le règne de Salomon fut le plus éclatant que présente l'histoire des Hébreux, et le peuple de Dieu n'eut pas de jours plus prospères et plus florissants. Toutefois, ce grand monarque, auquel Jéhovah avait accordé la sagesse par excellence, tomba, dans ses derniers jours, au dernier degré de la corruption, et celui qui avait eu la gloire d'élever au vrai Dieu sa demeure de prédilection, finit par adorer les idoles des femmes étrangères.

Le despotisme et l'impiété de Salomon produisirent une réaction terrible devant laquelle il tomba, laissant le trône à son fils Roboam; ce prince, rejetant les avis de ses plus sages conseillers et entraîné par son caractère bouillant, refusa de diminuer les impôts excessifs établis par son père : dix tribus se révoltèrent et placèrent la couronne sur la tête de Jéroboam, en se déclarant ennemies de la maison de David. Telle fut l'origine du royaume d'Israël, distinct de celui de Juda; ce dernier royaume était composé des deux seules tribus de Juda et de Benjamin, demeurées fidèles à Roboam*. De cette séparation naquirent ces guerres terribles et sans cesse renaissantes entre des États provenant d'une même origine et obéissant à la même loi. Les Hébreux ne furent plus depuis réunis sous le même sceptre : 274 ans après la mort de Salomon, le royaume d'Israël fut subjugué par Salmanasar, puissant roi d'Assyrie, qui conduisit le peuple en captivité dans les provinces les plus éloignées de son vaste empire.

Nous n'entrerons dans aucun des détails de cette histoire, qui se trouvent d'ailleurs dans les livres de l'Ancien Testament; nous nous contenterons de faire remarquer que les Israélites cessèrent de regarder Jérusalem comme le centre de leur religion et le lien de l'union entre tous les enfants d'Abraham.

Suivons maintenant les destinées du royaume de Juda : une rigide observance des lois de Moïse fut la source à laquelle les Juifs puisèrent la force de résister, pendant cent trente ans, aux envahisse-

---

* Plusieurs historiens pensent que les peuples fidèles reçurent alors le nom de Juifs, que nous leur donnerons quelquefois dans le cours de ce récit.

ments des Égyptiens et des Assyriens. Après la destruction de Samarie, on tenta à diverses reprises de réunir en un seul faisceau, les débris des douze tribus, afin de défendre l'indépendance du sol sacré ; mais la jalousie et la haine, entretenues par de longues guerres, rendirent ces efforts inutiles, et le grand conseil de Jérusalem, trop faible pour résister aux attaques des Égyptiens et des Assyriens, n'eut plus qu'à se choisir des maîtres.

Dans l'année 602, avant l'ère chrétienne, sous le règne de Joakim, Nabuchodonosor s'avança en Palestine, à la tête d'une armée formidable ; une prompte soumission sauva la cité et la vie du monarque pusillanime. Après quelques années, Joakim, voyant le conquérant occupé à une guerre sérieuse, tenta de secouer le joug des Babyloniens ; ceux-ci poussèrent le siége de Jérusalem avec vigueur, Joakim fut tué dans une attaque, et son fils Jéchonias, qui lui succéda, fut forcé d'ouvrir aux ennemis les portes de la capitale ; ce prince infortuné, les principaux habitants et tous les artisans furent conduits prisonniers sur les bords du Tigre.

L'autorité nominale de Juda fut confiée à Sédécias, oncle du roi captif. Honteux de cette position humiliante et poussé par les émissaires égyptiens, Sédécias résolut de sacrifier sa vie ou de reconquérir l'indépendance de sa couronne. Cette imprudente levée de boucliers appela de nouveau Nabuchodonosor sous les murs de Jérusalem. Un siége de six mois se termina par la reddition de la ville sainte et par la captivité de Sédécias, qui fut traité avec la plus cruelle rigueur. Ses deux fils furent mis à mort devant lui, puis on lui creva les yeux, on le chargea de chaînes et on le conduisit à Babylone.

L'ordre de détruire Jérusalem fut donné à l'un des généraux de Nabuchodonosor ; « il brûla la maison de l'Éternel et la maison royale et toutes les maisons de Jérusalem, et il mit le feu dans toutes les maisons des grands. — Et toute l'armée démolit les murailles de Jérusalem tout autour. — Et il transporta à Babylone le reste du peuple, savoir : ceux qui étaient demeurés du reste de la ville, et ceux qui étaient allés se rendre au roi de Babylone et le reste de la multitude. — Et il laissa les plus pauvres pour cultiver la vigne et labourer la terre. » (Liv. IVe des Rois, chapitre 25, v. 4-13.)

Les Hébreux déplorèrent alors le mépris qu'ils avaient fait des paroles de Jérémie qui, au péril même de sa vie, leur avait annoncé la catastrophe qui les menaçait s'ils ne changeaient leurs mœurs. Ces remontrances étaient restées comme un vain bruit, et le prophète eut le chagrin de voir s'accomplir tous les maux qu'il avait prédits. Ce fut alors qu'il exprima sa douleur par de magnifiques paroles, que notre Racine a si dignement reproduites :

Comment en un plomb vil l'or pur s'est-il changé ! etc.

Une autre prédiction de Jérémie reçut encore son entier accomplissement; il avait annoncé que la captivité des Juifs durerait soixante-dix ans, à partir du moment de la première invasion, sous le règne de Joakim, lorsque ce prince fut conduit à Babylone, avec les principaux habitants, parmi lesquels se trouvait Daniel. Cet événement se rapporte exactement à l'année 600 avant l'ère chrétienne, et le retour des Juifs, dans la Terre-Sainte, sous le règne de Cyrus, eut lieu l'année 530.

Les tribus de Juda et de Benjamin, qui seules constituaient toute la nation juive, ne furent pas plutôt rentrées en Palestine, qu'elles se virent en guerre avec les Samaritains, descendants des colonies envoyées par Salmanasar, à la place des tribus qu'il avait transportées en Médie. De là, vinrent toutes les luttes qui agitèrent ces peuples, surtout pendant l'érection du second temple.

Zorobabel, Néhémie, Esdras, occupent les premières places parmi les hommes pieux qui furent choisis par Dieu pour la restauration de son peuple d'élection. Après beaucoup de travaux, une longue interruption, de fréquentes attaques, Jérusalem eut enfin un second temple, bâti sur l'emplacement du premier, mais dans de moindres proportions ; ce second temple, quoiqu'il fût moins vénéré que l'ancien, quoique privé de tous les ornements précieux dont Salomon avait enrichi le premier, offrait une grande consolation aux serviteurs de Jéhovah. Mais les fidèles regrettèrent toujours la perte de l'Arche d'alliance, de la verge d'Aaron et des Livres sacrés. Pour prévenir un malheur semblable, qui plus tard eût été irréparable, Esdras recueillit les manuscrits les plus importants et les mit en ordre ; c'est à lui qu'est due cette collection qui n'a pas sa pareille dans les archives de l'esprit humain.

Tant que les satrapes persans conservèrent leur pouvoir sur la Syrie, il fut permis aux Juifs de reconnaître l'autorité de leur grand-prêtre, qui, comme premier interprète de la loi, avait droit à l'obéissance accordée au chef de l'État. La prospérité croissante de la nation juive fut souvent entravée par le caractère personnel des rois qui montèrent successivement sur le trône de Cyrus, mais rien ne changea son existence politique jusqu'aux victoires d'Alexandre. Ce conquérant s'inclina avec vénération devant les prêtres du vrai Dieu, qui demandaient grâce pour leur ville, et Jérusalem continua de se gouverner par ses propres lois. Il en fut de même sous les premiers Séleucides.

Pendant deux siècles, les Hébreux furent traités avec libéralité et faveur. Mais Antiochus Epiphanes cessa de leur accorder cette sorte de protection tacite. Alarmé par plusieurs révoltes, ce prince tourna ses armes contre les Juifs; marchant à la tête de forces considérables, il attaqua la capitale si soudainement, qu'on ne put faire aucune résistance; cinquante mille hommes périrent sous le fer des vainqueurs, et un nombre presque égal fut conduit en esclavage. Non content de cette affreuse vengeance, Epiphanes entra dans le temple, pilla le trésor, enleva les vases sacrés, le chandelier d'or, la table des pains de proposition et l'autel à l'encens; il fit faire des sacrifices aux faux dieux et souilla par d'horribles profanations l'édifice sacré. Il ne respecta pas même le sanctuaire du Saint des saints, que jamais œil humain, si ce n'est celui du grand-prêtre, n'avait eu l'audace de contempler.

L'an 168 avant Jésus-Christ, Epiphanes porta un édit qui ordonnait l'extinction totale de la race des Hébreux; le soin d'exécuter cette cruelle sentence fut confié à Apollonius, digne instrument d'un tyra aussi sanguinaire.

Un jour de sabbat, pendant que le peuple tout entier était occupé aux devoirs paisibles de la religion, les soldats se précipitèrent sur cette multitude, passèrent tous les hommes au fil de l'épée, et emmenèrent les femmes en esclavage. Pour détruire plus promptement la ville, Apollonius fit mettre le feu en plusieurs endroits à la fois; il détruisit les murailles, et fit bâtir, sur le sommet de Sion, une forteresse qui dominait le temple et les parties voisines de Jérusalem. La garnison harcelait sans cesse les habitants du pays qui visitaient encore les ruines, et venaient, au milieu de dangers de toute espèce, offrir des sacrifices au lieu où était le sanctuaire.

Antiochus ne borna pas la persécution à ces cruelles exécutions, il donna ordre d'abolir, dans la vaste étendue de son royaume, tout autre culte que celui des faux dieux, et dépêcha des officiers pour mettre ce décret à exécution. Athenœus fut envoyé dans les districts de Judée et de Samarie; les Samaritains obéirent sans répugnance, et consentirent à ce que le temple qu'ils avaient élevé sur le mont Garizim, en rivalité avec celui de Jérusalem, fût solennellement consacré à *Jupiter, ami des étrangers.* Après avoir obtenu ce succès, Athenœus dirigea ses pas vers Jérusalem; il prohiba le culte du vrai Dieu; il força le peuple à profaner le jour du sabbat et à manger de la chair de porc. Le temple fut consacré à Jupiter Olympien, on lui éleva une statue sur l'autel même, et on lui offrit chaque jour des sacrifices. Enfin, pour dernière insulte, les licencieuses bacchanales furent substituées à la fête nationale des Tabernacles.

Ces sauvages violences rencontrèrent à la fin une résistance formidable : les atrocités d'Antiochus soulevèrent les ressentiments de la nation tout entière, qui prit les armes sous la conduite des Machabées; longtemps cette glorieuse famille opposa la valeur, les talents et la persévérance de ses membres à toute la puissance des monarques de l'Assyrie. Judas, le plus expérimenté et le plus vaillant de ses frères, se mit à la tête des Juifs; ses vertus, son courage, son activité compensèrent l'infériorité numérique de ses soldats, et il remporta de nombreuses victoires sur de puissantes armées, commandées par d'habiles généraux.

Grâce au saint enthousiasme qu'il inspira aux Hébreux, Judas se rendit maître de Jérusalem et purifia le temple des profanations dont il avait été souillé. L'héroïque vainqueur avait été nommé grand sacrificateur par la voix du peuple. Ces augustes fonctions ne l'empêchèrent pas de saisir encore l'épée et de repousser victorieusement de formidables attaques. Pour appuyer l'indépendance de sa nation sur un fondement solide, Judas rechercha et obtint l'alliance des Romains; mais avant qu'aucun secours lui fût encore venu de Rome, l'intrépide chef des Hébreux périt dans un combat où il avait, à la tête de huit cents combattants, affronté vingt mille soldats aguerris.

Jonathas fut appelé par acclamation à occuper la place de son frère; s'il fut moins célèbre comme guerrier, il eut la gloire de consolider l'indépendance de son pays. Profitant d'une guerre civile qui s'était élevée entre les divers prétendants au trône de Syrie, il prit parti en faveur d'Alexandre Bala, qui, en retour de son assistance, le reconnut souverain pontife de Juda. Ce fut l'origine des princes asmonéens qui, unissant le pouvoir civil et spirituel, gouvernèrent la Palestine pendant plus d'un siècle.

Après dix-huit ans d'un règne heureux, Jonathas tomba dans des embûches qu'on lui tendit en pleine paix, et fut mis à mort par Triphon, général de l'armée syrienne, qui, ayant formé le projet de s'emparer du trône, voulut priver Antiochus, fils et successeur de Bala, d'un de ses plus redoutables appuis.

Un autre frère de Judas, Simon, fut nommé grand pontife, à la place de Jonathas ; il s'abstint de prendre parti dans les querelles qui agitaient l'Égypte et la Syrie, et mit tous ses soins à assurer la tranquillité de ses États et à augmenter sa puissance au milieu de la prospérité générale. Il s'occupa aussi de resserrer les liens de l'alliance que ses prédécesseurs avaient contractée avec Rome et Lacédémone. Attaqué par les Syriens, vers la fin de sa vie, il les repoussa victorieusement avec l'aide de ses deux fils. Mais Ptolémée, son gendre, gouverneur de Jéricho, s'était laissé séduire par l'espoir d'arriver, par la protection de l'étranger, au commandement suprême ; et lorsque Simon et ses deux fils, visitant toutes les villes de la Judée pour rétablir le règne des lois, s'arrêtèrent chez lui, il les fit massacrer au milieu d'un festin. Jean Hyrcan, troisième fils de Simon, échappa aux mains du meurtrier ; à lui fut dévolu le soin de venger la mort de son père et de gouverner le pays en proie aux dissensions.

Les circonstances malheureuses qui lui avaient donné le pouvoir le forcèrent à se soumettre pendant un temps à la condition de vassal de la Syrie ; mais dès qu'il eut connaissance de la mort d'Antiochus Sydètes, il secoua le joug et reprit la position de souverain indépendant.

Hyrcan étendit même ses conquêtes de l'autre côté du Jourdain, réduisant plusieurs villes importantes à son obéissance; ce qui lui fit le plus d'honneur aux yeux de ses sujets, ce fut la prise de Sichem et la destruction du temple de Garizim, qu'ils regardaient comme une insulte permanente faite à leur foi. Il se rendit ensuite maître de l'Idumée, et détruisit de fond en comble Samarie, qui, depuis plusieurs siècles, était le foyer des coalitions contre Jérusalem.

Aristobule, son fils, ne régna qu'un an; et après lui, Alexandre Jannée, homme de basse naissance, mais vaillant et ambitieux, fut élevé au pontificat. La sévérité de son gouvernement et la bassesse de son extraction le rendirent tellement impopulaire, que les Juifs le chassèrent. Une guerre civile des plus sanglantes déchira la nation pendant six ans; à la fin, Alexandre obtint l'avantage, et cet homme sanguinaire exerça sur ses ennemis les plus horribles vengeances : plus de mille habitants de Jérusalem furent crucifiés, tandis que l'on massacrait devant eux leurs femmes et leurs enfants. Cet indigne souverain mourut dans une orgie, laissant les rênes du gouvernement aux mains de son épouse Alexandra, qu'il avait déclarée régente. Cette femme, douée d'un esprit fin et d'une âme élevée, régna neuf ans; elle nomma pour lui succéder son fils aîné Hyrcan II, déjà revêtu de la dignité de grand-prêtre. Mais les querelles qui avaient déjà agité ce malheureux pays, se ranimèrent plus violentes que jamais; le peuple se divisa en deux partis dont l'un éleva à la royauté Aristobule II, fils aîné de Jannée. Hyrcan, fort inférieur à son frère en talents et en énergie, et dénué de toute ambition, aurait volontiers consenti à abandonner la couronne, et se serait contenté d'être la seconde personne de l'État, sans les conseils d'Antipater, gouverneur de l'Idumée, qui lui promettait de puissants secours; la querelle allait se décider sur le champ de bataille, quand les Romains s'avancèrent en Palestine avec le double caractère d'alliés et d'arbitres entre les deux partis.

Aristobule, impatient des délais que mettait Pompée à se prononcer, osa attaquer les Romains, qui le forcèrent promptement à se renfermer dans Jérusalem, où il soutint un siége de trois mois.

Après la prise de la ville, Pompée, dit-on, poussé seulement par la curiosité, pénétra dans le sanctuaire du Saint des saints, et examina les divers usages de ce culte si différent de celui de toutes les autres nations. Mais, plus généreux ou meilleur politique qu'Antiochus, il n'enleva aucune dépouille, quoique le sanctuaire contînt un trésor considérable et une quantité de vases d'or et d'argent. Il manifesta seulement son étonnement de ce que, dans un temple aussi magnifique, fréquenté par tous les Juifs, il ne se trouvât ni statue, ni image du Dieu en l'honneur duquel il avait été élevé. Puis, afin de donner satisfaction aux pieux scrupules du peuple, il ordonna une purification de l'édifice souillé par sa présence, et il confirma Hyrcan dans ses fonctions de grand-prêtre, sans lui laisser, toutefois, le pouvoir civil. Sa conduite envers Aristobule fut toute différente : il le fit prisonnier, et ce prince, suivi de ses deux enfants, servit d'ornement au triomphe du vainqueur.

Aristobule et l'un de ses fils s'échappèrent de Rome

et rallumèrent la guerre en Palestine; leur faible armée ne put résister longtemps aux forces de Gabinius et de Marc-Antoine. Cependant, Antipater, qui dirigeait toujours le faible Hyrcan, se conduisit si habilement, qu'il obtint pour son maître la protection de Rome, et se fit nommer procurateur de la Judée. Aussitôt il donna à son fils aîné Phasaël le gouvernement de Jérusalem, et celui de la Galilée à Hérode, son autre fils.

Aristobule, le troisième fils d'Aristobule, s'était réfugié chez les Parthes, et les avait engagés à soutenir ses droits; à leur tête, il s'empara de Jérusalem; Hyrcan fut déchu du pontificat, Phasaël fut mis à mort; Antipater avait déjà péri par le poison. Pendant ce temps, Hérode courait à Rome implorer la protection d'Octave et d'Antoine. Ses puissants alliés l'eurent bientôt placé sur le trône, et comme il épousa une descendante des princes asmonéens, il espéra réunir en lui les droits de tous les prétendants.

Si le règne d'Hérode, auquel, pour le distinguer de son fils, la plus basse flatterie a donné le nom de Grand, ne fut pas troublé par la guerre, il fut ensanglanté par les fureurs barbares de ce farouche tyran. Il fit mourir tous les membres du sénat, les principaux Juifs, le faible Hyrcan, bienfaiteur de son père et le sien, Aristobule, son beau-frère, dernier rejeton de la race des Machabées, sa propre femme et trois de ses enfants, sa belle-mère et son oncle.

Ces cruautés ne firent qu'augmenter la haine que lui portait le peuple, à cause de son origine étrangère, il était d'Idumée, et à cause de son attachement patent à la religion des païens, ses maîtres. Il chercha cependant à gagner l'affection de ses sujets en rebâtissant le temple dans son antique splendeur. Les ravages du temps et ceux produits par tant de guerres avaient ébranlé les constructions de ce vénérable édifice ; il était donc nécessaire de renverser les parties qui subsistaient encore, pour les rétablir plus solidement. Les Juifs se révoltèrent d'abord, craignant qu'Hérode, sous le prétexte d'honorer leur Dieu, ne voulût détruire les restes de leurs autels vénérés. Mais le roi sut calmer leurs appréhensions ; l'ouvrage se poursuivit avec régularité, et les Juifs virent enfin un édifice de la plus majestueuse architecture, bâti de marbre blanc et recouvert d'or, remplacer leur temple antique et national. En même temps, Hérode, pour maintenir son double caractère, présidait aux jeux olympiens, et se faisait nommer prêtre des divinités païennes.

Avant de mourir, il obtint des Romains l'autorisation de partager son royaume entre ses enfants. Archelaüs eut l'Idumée, la Samarie et la Judée ; Antipas eut la Perse et la Galilée, et Philippe obtint la Batanie, la Thraconite et l'Auranite ; il est vrai que celui-ci, déshérité par son père, dut son gouvernement à la générosité d'Auguste, qui ne consentit à reconnaître ses deux frères qu'à la condition qu'il aurait sa part dans le partage de la puissance paternelle. Archelaüs, qui avait la qualité d'ethnarque de Jérusalem, gouverna neuf ans, mais son administration déplut également aux Romains et aux Juifs : il fut cité devant le tribunal de l'empereur, destitué et exilé dans les Gaules. La Judée devint alors une province dépendante de la préfecture de la Syrie, et régie par un procurateur particulier.

Ce fut pendant la dernière année du règne d'Hérode que naquit le divin Messie; il fut conduit en Égypte pour éviter la mort; car ce prince sanguinaire, troublé des bruits qui circulaient dans le peuple au sujet de ce roi des Juifs, avait couronné sa criminelle carrière en ordonnant l'atroce exécution connue sous le nom de massacre des innocents. Lorsque, sur l'ordre de l'Éternel, la sainte famille voulut retourner au pays d'Israël, Joseph fut averti en songe des dangers qu'il courait en restant en Judée, et il se retira à Nazareth, dans la Galilée.

La préfecture de Syrie fut donnée à Quirinus, dont saint Luc parle dans son Évangile sous le nom de Cyrenius, et qu'il accuse d'avoir, le premier, mis une taxe sur la Judée.

L'an 26 de l'ère chrétienne, Ponce-Pilate fut nommé gouverneur de la Palestine. Ignorant les mœurs du peuple auquel il commandait, ou se souciant peu de les blesser, il fit exposer dans la cité sainte l'image de l'empereur, ce qui était, aux yeux des Juifs, un acte d'idolâtrie choquant, et s'empara des trésors du temple. Il déploya une injuste cruauté contre les Juifs et les Samaritains; mais accusé devant Vitellius, chef de la Syrie, il fut destitué en l'année 36.

Ce fut sous l'administration de Ponce-Pilate que se passèrent à Jérusalem les grands événements qui devaient renouveler la face du monde. Il ne nous appartient pas de retracer les faits à jamais célèbres de cette époque mémorable, sur laquelle les divines Écritures jettent une éclatante lumière.

Pendant que la Judée était tourmentée de troubles civils, les provinces gouvernées par les deux autres fils d'Hérode jouissaient des douceurs de la paix. Antipas mourut tranquillement, mais Hérodias, fils et successeur de Philippe, étant allé à Rome pour demander à Caligula un accroissement de puissance, loin de l'obtenir, fut exilé dans les Gaules.

Ces deux événements firent passer entre les mains d'Agrippa tout le pouvoir, tous les honneurs dont avait été revêtue la famille de David. On le laissa régner sur toute la Judée, ayant à sa solde une certaine quantité de soldats romains, dont la présence était nécessaire pour maintenir la paix dans cette province si turbulente et si éloignée du centre de l'empire. Un seul événement menaça la tranquillité de ce règne : Caligula avait ordonné de placer sa propre statue dans le temple de Jérusalem, et exigeait qu'on l'adorât comme celle d'un dieu. Les Juifs, furieux de cet attentat, allaient se révolter, quand l'influence d'Agrippa fit révoquer cet ordre. Il prévint ainsi les horreurs qui auraient été la conséquence de cette nouvelle souillure du sanctuaire, regardé toujours comme sacré par tous les descendants d'Abraham.

La position d'Agrippa fut extrêmement difficile : toujours suspect aux envoyés romains, il ne pouvait vaincre la répugnance des Juifs, convaincus que son extraction étrangère le rendait indifférent à l'observation de la loi de Moïse. Dans le but de mériter la confiance et l'affection de ses administrés, il fit chaque jour célébrer à grands frais dans le temple un service magnifique, et il persécuta l'Église chrétienne à sa naissance, dans ses apôtres saint Pierre et saint Jacques, frère de Jean. D'un autre côté, et pour dissiper les soupçons que cette conduite aurait pu faire naître dans l'esprit des envoyés de Claude, il fit célébrer à Césarée, en l'honneur de cet empereur, une grande fête, pendant laquelle il fut frappé de la main de Dieu.

Claude, voulant prendre des garanties contre la jeunesse et l'inexpérience du prince auquel échut le trône de Judée, nomma préfet de Syrie Caspius Fadus, soldat, tout à la fois, juste et sévère. Malgré ces qualités, il ne put maintenir la tranquillité dans la contrée, tant le peuple était bouillant et prompt à se rebeller. Des imposteurs surgirent de tous côtés, proclamant la délivrance prochaine des enfants de Jacob, et excitant les Juifs à prendre les armes contre les Romains. Il résulta de ces mouvements plusieurs combats où la valeur et la discipline des légions romaines eurent constamment l'avantage sur les bandes tumultueuses qui tentaient de restaurer le royaume d'Israël. La cité sainte, occupée tour à tour par les deux partis, souffrit beaucoup dans les divers assauts qu'elle eut à soutenir.

Des sectes nouvelles s'élevaient chaque jour et venaient ajouter leurs querelles aux divisions du peuple; il faut surtout citer les disciples de Judas le Galiléen, qui s'appelaient les *zélateurs* : ils ne reconnaissaient d'autre souverain que Jéhovah et regardaient comme un crime de payer le tribut au gouvernement romain et surtout de le servir.

La perte de la Judée fut encore hâtée par la succession de gouverneurs mal habiles, qui vinrent à Jérusalem dans le seul but de s'enrichir des dépouilles de la Syrie. Parmi eux, on doit remarquer Félix qui, au milieu du premier siècle, administra avec un mélange de violence et de fraude, faisant cruellement punir par ses satellites ceux qui n'avaient pas le moyen d'acheter sa clémence. Les éloquentes paroles de saint Paul firent cependant trembler le gouverneur prévaricateur.

La courte résidence de Festus procura aux Juifs un peu de répit; il poursuivit avec vigueur et détruisit des bandes d'insurgés qui parcouraient la contrée, pillant indistinctement leurs compatriotes et les étrangers. Vers le même temps, Agrippa transféra le siége du gouvernement de Syrie à Jérusalem, et par sa présence retarda le moment d'une rupture totale entre ces provinces et l'empire. Mais cette paix, de peu de durée, fut immédiatement suivie d'une période d'irritation et de fureur, suscitée par l'avarice et la cruauté de Florus qui pressurait le peuple afin de remplir ses coffres. Le préfet de Syrie, loin de blâmer la conduite de son lieutenant, se rendit coupable des mêmes excès, et détermina la rébellion. Poussés à bout par les exactions, et plus encore par les insultes dont leur culte était l'objet, les Juifs habitants de Césarée résolurent enfin d'en appeler à leurs armes. Ceux de la capitale suivirent cet exemple, et firent de grands préparatifs de défense. Cestius s'avança vers la ville et demanda qu'on lui ouvrît les portes pour renforcer la garnison; cette demande ayant été refusée, les habitants s'attendaient à soutenir un siége, quand, peu de jours après, le général se retira avec son armée. Les Juifs se mirent avec la plus grande ardeur à la poursuite des Romains, et les ayant atteints, assouvirent leur vengeance en massacrant un grand nombre de soldats.

Néron parcourait la Grèce quand il reçut la nouvelle de cette défaite; il envoya immédiatement Vespasien en Judée; celui-ci pénétra, l'an 67, dans les provinces insurgées, accompagné de son fils Titus. Les faits qui suivirent sont trop connus pour être racontés avec détail; de sanglantes batailles privèrent de leurs places principales les Juifs, qui n'eurent bientôt plus d'autre asile que leur capitale. Enfin Jérusalem, déchirée déjà par les factions qui s'y livraient des combats incessants, se vit menacée par les armes romaines. Les circonstances de ce siége et de la destruction de la cité sainte présentent les traits les plus affreux que l'histoire du monde entier ait jamais eus à enregistrer. Enfin, les prédictions renfermées dans les livres sacrés s'accomplirent dans toute leur horreur. La Jérusalem visible avait accompli sa mission, puisque l'Église nouvelle y avait pris naissance, et que, de là, elle étendait tous les jours ses branches par toute la terre ; car l'heure était arrivée où on n'adorerait plus (de préférence) ni sur le mont Garizim, ni à Jérusalem, mais où les vrais adorateurs adoreraient partout en esprit et en vérité *.

* Saint Jean, chapitre IV, v. 21-23.

CHAPITRE IV.

HISTOIRE DE LA PALESTINE DEPUIS LA PRISE DE JÉRUSALEM JUSQU'A NOS JOURS.

État de la Judée sous Vespasien. — Révoltes générales. — Adrien et ses édits. — Barcokebas. — Ælia-Capitolina. — Grande et dernière dispersion des Juifs. — Situation de ce peuple. — Avènement de Constantin. — Triomphe de la religion chrétienne. — Réaction sous Julien l'Apostat. — Invasion des Perses. — Héraclius. — Les musulmans. — Succession des califes. — Croisades. — Histoire du royaume latin de Jérusalem. — Situation de la Palestine jusqu'à la fin du dix-huitième siècle. — Invasion des Français. — Souvenirs qu'ils ont laissés dans le pays. — Conquêtes d'Ibrahim-Pacha. — État actuel de la Terre-Sainte.

A la chute de Jérusalem, le peuple hébreu cessa d'exister comme nation; cependant les restes des tribus ne furent pas entièrement dispersés, et la Terre-Sainte ne resta pas sans habitants indigènes. Le nombre des morts fut réellement immense, et les captifs conduits à Rome par Titus encombrèrent les marchés d'esclaves. Mais les ravages de la guerre avaient respecté plusieurs parties de la Palestine, qui continuèrent à jouir d'une certaine prospérité sous la domination des conquérants. Les villes de la côte s'étaient soumises sans résistance, et les provinces au delà du Jourdain restèrent fidèles aux Romains, même au milieu de l'insurrection qui devait être si fatale aux tribus de Juda et de Benjamin.

Dès que les armées romaines eurent quitté Jérusalem, plusieurs familles juives et chrétiennes vinrent se fixer au milieu des ruines de la cité sainte. Vespasien ne s'y opposa pas, mais pour prévenir toute rébellion, il établit sur la montagne de Sion une garnison de huit cents hommes; en même temps il ordonna les recherches les plus minutieuses pour s'assurer s'il existait encore des descendants de David, afin d'empêcher la restauration de la race royale, et surtout afin de prévenir la venue du Messie, que les Juifs aveugles attendaient encore, malgré les preuves répétées et évidentes que Notre-Seigneur Jésus-Christ leur avait données de sa divine mission.

La tranquillité du pays ne fut pas troublée jusqu'au milieu du règne de Trajan; mais alors les Juifs d'Égypte, de Chypre et de Mésopotamie prirent de nouveau les armes, excités par le besoin de venger leurs anciennes défaites, par la fureur qu'allumait chez eux la profanation des lieux saints, et par l'espoir de parvenir au but de tous leurs secrets désirs, le rétablissement du trône de Juda. Une guerre longue et terrible, remarquable par les torrents de sang qu'elle fit verser, se termina par la destruction presque entière des insurgés, qui, dit-on, perdirent plus de cinq cent mille hommes sur les champs de bataille et dans le sac des villes.

Adrien, voyant avec inquiétude ces révoltes sans cesse renaissantes et voulant arriver à l'extinction totale des tribus vaincues, rendit un édit qui interdisait toutes les coutumes religieuses et nationales, telles que la circoncision, la lecture de la loi et l'observance du sabbat; en même temps, afin que les Juifs perdissent tout espoir de restaurer le pouvoir royal sous le futur Messie qu'ils attendaient toujours, l'empereur fit rebâtir une certaine quantité de maisons à Jérusalem, et y établit une colonie régulière de Romains et de Grecs. Ces précautions devinrent inutiles: en 132, le Juif Coriba, qui changea son nom en celui de Barcokebas (fils de l'Étoile), par allusion à l'étoile conquérante signalée dans le Pentateuque, se donna pour le Messie tant désiré, et souleva la grande majorité des Juifs, en leur faisant croire qu'il était le libérateur prédit par Jacob à ses derniers moments. Appuyé par Akiba, le plus populaire et le plus savant des rabbins ou docteurs d'Israël, l'imposteur réunit en peu de temps une armée qui, selon les historiens juifs, comptait plus de deux cent mille combattants. Favorisé par l'absence des légions, alors employées dans d'autres provinces, il s'empara de la capitale et de plusieurs autres places importantes. Mais Julius Severus, qui accourut à la tête des forces romaines, ne tarda pas à reprendre l'avantage : il attaqua successivement les villes occupées par les insurgés et s'en rendit maître. Bither, cité très-forte et défendue par Barcokebas en personne, tomba la dernière au pouvoir des Romains. Le général juif fut tué, et la dernière espérance des Juifs tomba avec lui. Dion Cassius prétend que cinq cent quatre-vingt mille hommes périrent par l'épée, sans compter ceux qui furent victimes de la famine et des maladies; tous les villages furent consumés par le feu, la Judée entière semblait un vaste désert, et les animaux féroces pénétraient jusqu'au milieu des cités désolées.

Lorsque cette rébellion fut étouffée, Adrien mit à exécution son plan de bâtir une ville nouvelle et de la peupler de colons étrangers. Cette ville reçut le nom d'Ælia Capitolina. On défendit aux Juifs, sous peine de mort, d'approcher des murs de la cité; ils n'eurent pas même la consolation de pouvoir contempler de loin les monts sacrés; mais Adrien permit aux chrétiens de s'établir dans Ælia, qui, dans peu d'années, eut une église florissante et un évêché.

La grande dispersion des Juifs date de cette époque, et dès lors l'histoire de la Palestine cesse d'être celle des Hébreux, pour n'être plus que celle des peuples vainqueurs. La nation déicide, errant sans patrie et sans honneur, commença alors cette longue expiation qui s'est perpétuée jusqu'à nos jours. Plus attachés à la foi de leurs pères que quand ils possédaient Jérusalem, les Juifs, partout où ils se fixèrent, travaillèrent avec une aveugle persévérance à faire revivre les principes et l'autorité de l'ancienne loi. Ils fondèrent les célèbres écoles de Babylone et de Tibérias, où les plus savants docteurs expliquaient et commentaient les livres de Moïse. Ce fut alors que parurent le patriarche de Tibérias et le prince de la Captivité, dignités qui, pendant de longues années, furent le lien de l'union spirituelle et politique entre tous les descendants d'Abraham. Si les restes de la population ne purent demeurer à Jérusalem, il ne leur fut pas interdit de s'établir dans d'autres provinces de l'empire et même en Italie. Dans la suite, les Juifs jouirent de la liberté et purent parvenir aux honneurs municipaux. Cette tolérance ou ce mépris de la part du peuple-roi permit aux Juifs de donner une sorte d'organisation à leurs pouvoirs religieux. Le patriarche nomma les ministres subalternes, exerça une juridiction domestique et reçut de ses frères un revenu annuel; de nouvelles synagogues furent ouvertes dans quelques-unes des principales villes de l'empire; le sabbat, les jeûnes, les fêtes commandés par la loi de Moïse ou ordonnés par les rabbins furent célébrés publiquement et avec solennité. Les Juifs devinrent peu à peu des sujets soumis et se bornèrent à prononcer des imprécations ambiguës contre le puissant royaume d'Édom; ce fut le nom qu'ils donnèrent à l'empire romain.

Cependant Constantin fut revêtu de la pourpre, et la religion chrétienne s'assit avec lui sur le trône; le grand empereur et sa sainte mère répandirent de nombreuses marques de leur piété et de leur magnificence sur la Terre-Sainte. Les nombreux édifices qui s'élevèrent de toutes parts annoncèrent le triomphe de la vraie religion dans le pays où elle avait pris naissance. Les chrétiens jouirent de la même protection sous le règne de Constance; mais sous celui de Julien, les Juifs humiliés commencèrent à lever la tête. L'Apostat, qui avait abjuré la religion chrétienne, favorisa les Hébreux et ordonna la reconstruction du temple sur le mont Moria, car il voulait rétablir à Jérusalem le culte dicté par Moïse.

Ce fut en vain que l'empereur rassembla les Juifs pour cette entreprise; dans leur joie, les hommes travaillaient avec des hottes, des pelles, des bêches d'argent; les femmes emportaient la terre dans les pans de leurs plus belles robes; des globes de flamme sortirent des fondements à demi creusés, une croix de feu parut dans le ciel aux regards des ouvriers effrayés, et l'on dut renoncer à un travail que réprouvait l'invincible volonté de l'Éternel.

Les successeurs de Julien renouvelèrent la défense faite aux Juifs de se fixer dans la Palestine, tant on y redoutait leur esprit d'intrigue et d'ambition ; mais dans les autres provinces ils jouirent des priviléges de citoyens romains, et beaucoup d'entre eux devinrent riches, car ils se livraient presque exclusivement au commerce. Pendant ce temps, l'Église chrétienne établissait son pouvoir régulier ; elle étendait ses divines doctrines en Arménie et en Mésopotamie, et Jérusalem devenait un siége métropolitain. Cette ère de prospérité fut momentanément arrêtée par l'invasion des Persans, sous le roi Cosroës. Les Juifs, toujours ennemis implacables des chrétiens, fournirent aux barbares un puissant secours. Jérusalem fut prise en 613 ; toutes les églises furent démolies, même celle du Saint-Sépulcre ; les magnifiques édifices d'Hélène et de Constantin devinrent la proie des flammes, et les pieuses offrandes accumulées depuis trois siècles furent pillées dans ce jour sacrilége.

La conduite des Juifs fut bien autrement horrible que celle des barbares : ils achetèrent à prix d'argent, des vainqueurs, quatre-vingt-dix mille prisonniers chrétiens et les massacrèrent sans pitié. Dans aucun temps, chez aucun peuple on ne vit un pareil exemple de vengeance et d'atrocité.

Sous Héraclius, les Perses menacèrent Constantinople : on vit l'empereur battu et la vraie croix enlevée par les infidèles, puis, par un retour admirable, les chrétiens reprennent l'avantage, la Perse se soumet aux armes romaines, Cosroës succombe sous les coups de son propre fils, et la sainte croix est reconquise. Cette précieuse relique fut rapportée en grande pompe à Jérusalem, où Héraclius vint l'adorer; il ordonna de reconstruire les églises avec leur ancienne magnificence, et l'édit d'Adrien qui défendait aux Juifs d'approcher de plus de trois milles de la ville reçut une application rigoureuse.

La Palestine resta fidèle à l'empire grec jusqu'au moment où l'islamisme changea la face de l'Asie occidentale. En 636, le calife Omar s'empara de Jérusalem, après l'avoir assiégée pendant quatre mois, et la Palestine passa sous le joug du vainqueur.

L'établissement de plusieurs califats en Arabie et en Syrie, la chute de la dynastie des Ommiades et l'élévation de celle des Abassides, remplirent la Judée de troubles et de malheurs pendant plus de deux cents ans.

Ahmed, Turc toulounide, qui de gouverneur de l'Égypte en était devenu le souverain, fit la conquête de Jérusalem en 868; mais son fils ayant été défait par les califes de Bagdad, la cité sainte retourna sous la puissance de ces califes l'an 905 de notre ère.

Les Turcs, s'étant à leur tour emparés de l'Égypte, portèrent leurs armes au dehors et soumirent Jérusalem en 936; ils en furent chassés en 968 par les Fatimites sortis des déserts de Cyrène, qui, en 984, durent céder leur conquête aux Ortokides. Mortali, calife d'Égypte, obligea ceux-ci à abandonner Jérusalem.

Hakem, second calife fatimite, persécuta les chrétiens vers l'an 996 et porta ses mains impies sur le tombeau de Notre-Seigneur.

Meleschad, Turc seljoucide, prit la sainte cité en 1076, les Ortokides y rentrèrent ; mais la même année ils furent de nouveau expulsés par les Fatimites qui y régnèrent jusqu'à la fin du onzième siècle.

Pendant la plus grande partie de cette longue période, la Terre-Sainte excita peu d'intérêt en Europe. Les chrétiens et les Juifs l'avaient abandonnée pour échapper aux ravages des guerres civiles.

Nous rapporterons dans un autre chapitre, comment les pèlerinages s'établirent ; nous raconterons les pieuses entreprises des premiers chrétiens qui bravaient mille dangers pour aller s'agenouiller devant le saint tombeau. Il nous suffira de dire ici que les califes arabes se montrèrent en général assez bien disposés en faveur des pèlerins chrétiens ; les pèlerinages étaient pour eux une source de grands revenus, et comme ils étaient descendants d'Abraham, ils n'étaient nullement offensés de la vénération excitée par le tombeau du Christ, fils de David. Mais les Turcs seljoucides, barbares impitoyables qui n'avaient aucune sympathie pour les chrétiens, firent éprouver aux pieux voyageurs des vexations sans nombre ; toute la chrétienté retentit bientôt des justes plaintes des malheureux pèlerins. A la voix inspirée de Pierre Lhermite répondit un cri général d'indignation et de vengeance contre les impies musulmans ; ce fut le signal de la première croisade.

A dater de cette époque, la Palestine a été le théâtre d'une série d'événements intéressants qui ont eu une influence immense sur les destinées de l'Europe. De savants ouvrages ont été consacrés à l'Histoire des Croisades ; nous y renvoyons le lecteur curieux de connaître en détail le tableau de cette grande lutte ; nous nous bornerons à rappeler les faits les plus importants qui se rattachent à l'histoire de Jérusalem. Et d'abord disons avec M. de Châteaubriand : « N'apercevoir dans les croisades que des pèlerins armés qui courent délivrer un tombeau en Palestine, c'est montrer une vue très-bornée en histoire. Il s'agissait non-seulement de la délivrance de ce tombeau sacré, mais encore de savoir qui devait l'emporter sur la terre, ou d'un culte ennemi de la civilisation, favorable par système à l'ignorance, au despotisme, à l'esclavage, ou d'un culte qui a fait revivre chez les modernes le génie de la docte antiquité et abolir la servitude. Il suffit de lire le discours du pape Urbain II au concile de Clermont, pour se convaincre que les chefs de ces entreprises guerrières n'avaient pas les petites idées qu'on leur suppose, et qu'ils pensaient à sauver le monde d'une inondation de nouveaux Barbares. L'esprit du mahométisme est la persécution et la conquête; l'Évangile au contraire ne prêche que la tolérance et la paix. Aussi les chrétiens supportèrent-ils pendant sept cent soixante-quatorze ans tous les maux que le fanatisme des Sarrasins leur voulut faire souffrir. Ils tâchèrent seulement d'intéresser en leur faveur Charlemagne; mais ni les Espagnes soumises, ni la France envahie, ni la Grèce et les Deux-Siciles ravagées, ni l'Afrique entière tombée dans les fers ne purent déterminer pendant près de huit siècles les chrétiens à prendre les armes. Si enfin les cris de tant de victimes égorgées en Orient, si les progrès des Barbares déjà aux portes de Constantinople, réveillèrent la chrétienté, et la firent courir à sa propre défense, qui oserait dire que la cause des guerres sacrées fut injuste ? Où en serions-nous si nos pères n'eussent repoussé la force par la force ? »

L'armée des croisés, commandée par Godefroy de Bouillon, parut en Palestine en janvier 1099; la prise de quelques places signala sa marche, puis elle arriva sur les hauteurs d'Emmaüs, en vue de la cité sainte. Un cri spontané s'élève dans tous les rangs : *Jérusalem! Jérusalem! Diex li volt! Diex li volt!* tous s'arrêtent et se prosternent. Godefroy, après quelques jours de repos, a fait avancer toutes les machines de siége alors en usage, les tours mobiles et les catapultes; la plus haute de ces tours a atteint les murs, le pont a été jeté, l'illustre chef, à la tête des siens, s'est élancé sur les assiégés. La victoire est vivement disputée, les chrétiens sont forcés de se replier, leurs chefs les rallient et le combat continue; enfin, les infidèles fuient en désordre, les combattants et toute la population se réfugient dans les mosquées; les croisés s'y sont précipités après eux, ils égorgent tout ce qu'ils trouvent, et sous le péristyle de la grande mosquée, qui remplaçait l'église du Saint-Sépulcre, le sang s'élevait jusqu'au frein des chevaux. Godefroy veut arrêter le carnage, sa voix n'est plus entendue : il dépouille son armure et entre pieds nus dans le sanctuaire. A cet aspect le carnage est suspendu; chefs et soldats tous se prosternent, et aux cris de fureur et de rage ont succédé les humbles accents de la prière; ce même jour, 15 juillet 1099, l'étendard de la croix est arboré sur les remparts de Jérusalem.

Godefroy fut élu, par ses frères d'armes, roi de la cité conquise; il refusa de laisser poser sur sa tête la couronne brillante qu'on lui offrait, ne voulant point, dit-il, porter une couronne d'or dans les lieux mêmes où Jésus-Christ avait porté une couronne d'épines.

Bientôt il marcha contre le soudan d'Égypte, qui fut défait à Ascalon ; les croisés, enrichis des dépouilles, fruit de cette victoire, demandèrent à retourner en Europe; Godefroy ne put les retenir, et il ne lui serait pas resté assez de soldats pour conserver sa conquête, s'il n'eût reçu plusieurs renforts qui lui arrivèrent successivement d'Occident.

Godefroy eut pour successeur Baudoin son frère ; celui-ci expira au milieu de ses victoires et laissa, en 1118, le royaume à Baudoin du Bourg, son neveu.

Mélisandre, fille aînée de Baudoin II, épousa Foulques d'Anjou, et porta la couronne de Jérusalem dans la maison de son mari, vers 1130. Foulques étant mort d'une chute de cheval en 1140, son fils Baudoin III lui succéda. La deuxième croisade, prêchée par saint Bernard, conduite par Louis VII et par l'empereur Conrad, eut lieu sous le règne de Baudoin III. Après avoir occupé le trône pendant vingt ans, Baudoin laissa la couronne à son frère Amaury, qui la porta onze années. Amaury eut pour successeur son fils Baudoin, quatrième du nom.

On vit alors paraître Saladin, qui devait devenir l'ennemi le plus redoutable des chrétiens dans l'Orient. Baudoin avait marié à Guy de Lusignan sa sœur Sibylle, veuve de Guillaume Longue-Épée. Les grands du royaume, jaloux de ce choix, se divisèrent. Baudoin IV, ayant fini ses jours en 1184, eut pour héritier son neveu Baudoin V, fils de Sibylle et de Guillaume Longue-Épée. Le jeune roi, qui n'avait pas huit ans, succomba en 1186, et sa mère fit donner la couronne à Guy de Lusignan, son second mari. Le comte de

Tripoli trahit le nouveau monarque, qui tomba entre les mains de Saladin à la bataille de Tibériade.

Après avoir achevé la conquête des villes maritimes de la Palestine, le soudan assiégea Jérusalem et la prit l'an 1188 de notre ère. Il exigea de chaque habitant une rançon de dix bezans d'or : quatorze mille habitants demeurèrent esclaves faute de pouvoir payer cette somme. Les soldats abattirent une croix d'or qui s'élevait au-dessus du Temple transformé par eux en mosquée, la traînèrent par les rues jusqu'au sommet de la montagne de Sion, où ils la brisèrent. Une seule église fut épargnée, et ce fut l'église du Saint-Sépulcre; les Syriens la rachetèrent pour une forte somme d'argent.

La couronne de ce royaume à demi perdu passa à Isabelle, sœur de Sibylle, et femme d'Eufroy de Turenne. Philippe-Auguste et Richard Cœur-de-Lion arrivèrent trop tard pour sauver la ville sainte, mais ils prirent Ptolémaïs ou Saint-Jean-d'Acre. Saladin mourut peu de temps après.

L'an 1242, l'émir de Damas, qui faisait la guerre au soudan d'Égypte et qui était entré dans Jérusalem, remit cette ville entre les mains des princes latins. Mais le soudan envoya les Karismiens assiéger la capitale de la Judée : ils la reprirent et massacrèrent tous les habitants.

Pendant le cours de ces événements, la couronne de Jérusalem avait passé d'Isabelle à Henri, comte de Champagne, son nouvel époux ; et de celui-ci à Amaury, frère de Lusignan, qui épousa la même Isabelle ; il en eut un fils qui mourut en bas âge. Marie, fille d'Isabelle et de son premier mari Conrad, marquis de Monferrat, devint l'héritière de ce royaume, qui n'existait, pour ainsi dire, que de nom. Jean, comte de Brienne, épousa Marie; il en eut une fille, Isabelle ou Yolante, mariée depuis à l'empereur Frédéric II; celui-ci, arrivé à Tyr, fit la paix avec le soudan. Les conditions du traité furent que Jérusalem serait partagée entre les chrétiens et les musulmans. Frédéric vint en conséquence prendre la couronne de Godefroy sur l'autel du Saint-Sépulcre, la mit sur sa tête et repassa bientôt en Europe.

Saint Louis arrive en Orient en 1249, et l'année suivante la fatale bataille de la Massoure le livre aux infidèles. Bientôt il voit massacrer sous ses yeux les derniers héritiers de la famille de Saladin.

On assure que les mamelucks baharites, après avoir trempé leurs mains dans le sang de leur maître, eurent un moment la pensée de briser les fers de saint Louis et de faire de leur prisonnier leur soudan, tant ils avaient été frappés de ses vertus.

Plusieurs soudans se succédèrent sur le trône d'Égypte. En 1281, Kelaoun qui régnait alors, poussa les chrétiens de place en place, et Khalil, son fils, leur enleva Tyr et Ptolémaïs; enfin, en 1291, ils furent entièrement chassés de la Terre-Sainte, après s'être maintenus cent quatre-vingt-douze ans dans leurs conquêtes et avoir régné 88 ans à Jérusalem.

Le vain titre de roi de Jérusalem fut transporté dans la maison de Sicile par le frère de saint Louis, Charles, comte de Provence et d'Anjou, qui réunit sur sa tête les droits du roi de Chypre et de la princesse Marie, fille de Frédéric, prince d'Antioche.

Depuis la croisade de saint Louis, les princes chrétiens n'avaient dirigé aucune nouvelle expédition vers la Terre-Sainte; cependant le pieux enthousiasme qui avait enflammé le cœur des croisés, n'était pas éteint. Les rois de France et d'Angleterre conservaient toujours la pensée de reconquérir Jérusalem. Le pape assembla des conciles, lança des bulles, ordonna des prédications; mais les dissensions qui divisèrent l'Europe pendant le XIVe siècle, et la peur qu'inspirait une guerre contre les musulmans, paralysèrent tous les efforts tentés pour réunir la chrétienté dans une cause commune.

Dans le siècle suivant, les progrès toujours croissants des Turcs forcèrent l'Europe à se tenir sur la défensive. La chute de l'empire grec rendit les relations avec la Syrie encore plus difficiles et plus dangereuses. L'Égypte même était fermée aux chrétiens, en sorte que pendant deux siècles on ne put pénétrer en Palestine ni s'occuper de ce pays, qui, à la mort de Tamerlan, n'était plus qu'une province égyptienne.

Mais si les chrétiens d'Europe avaient cessé leurs saints pèlerinages, ceux de l'Arménie et de l'Abyssinie continuèrent à visiter Jérusalem; quelques membres de l'Église latine eurent même l'inappréciable faveur de pénétrer dans la ville et de prier sur le Saint-Sépulcre. Quand La Broquière fit, en 1432, son voyage dans l'est, il trouva à Jérusalem deux moines français qui y étaient tenus dans le plus cruel esclavage.

Les relations qui s'établirent entre les Turcs et les gouvernements européens, forcèrent les premiers à tolérer la présence des chrétiens dans la Palestine; Baumartin nous apprend qu'en 1507 il y avait à Jérusalem un couvent de Franciscains, qui y vivaient en sûreté. Les pèlerinages s'étant peu à peu rétablis, les musulmans les regardèrent comme une source de revenus réguliers, car ils mettaient leur protection à un très-haut prix, et suscitaient des dangers pour la rendre indispensable. Les chrétiens se relevèrent peu à peu de l'état d'oppression et d'esclavage que les Turcs avaient fait peser sur eux ; ils nommèrent leurs patriarches et purent célébrer les mystères de leur religion. Les guerres étrangères et les caprices de certains gouverneurs les privèrent quelquefois de ces avantages, mais peu de temps après ils les recouvraient. Cet état de choses dura jusqu'à la fin du XVIIIe siècle, et pendant toute cette longue suite d'années, l'histoire de la Palestine n'offrit rien d'intéressant jusqu'au moment où l'expédition des Français attira de nouveau les regards de l'Europe sur cette terre si féconde en grands événements.

Ce fut en 1799 que Bonaparte entra en Syrie : la prise de Gaza, de Jaffa, la victoire de Nazareth et du mont Thabor, prouvèrent aux musulmans que les Français n'étaient pas dégénérés, et qu'ils conservaient toujours l'antique valeur des compagnons de Godefroy, de Philippe-Auguste et de saint Louis. Forcé de sortir de Syrie après le siége long et infructueux de Saint-Jean-d'Acre, Bonaparte quitta l'Égypte, abandonnant la réalisation d'un plan qui aurait eu une grande influence sur l'avenir de toutes les nations, et qui aurait notamment changé le sort de la Palestine. La terreur que le général français avait inspirée aux musulmans, améliora la position des chrétiens de Jérusalem ; leurs maîtres ayant voulu déployer contre eux des rigueurs inaccoutumées, les ambassadeurs européens, et surtout celui de France, portèrent au divan des représentations énergiques, et le grand-seigneur, que la fortune de Napoléon commençait à inquiéter, adopta un système plus modéré. Les membres des églises latines et grecques de la Syrie furent, il est vrai, soumis à d'énormes taxes, mais ils ne furent plus persécutés, et s'ils n'obtinrent qu'à prix d'argent la liberté de leur culte, leurs propriétés et leurs personnes furent du moins respectées.

Pendant l'Empire, l'ambassadeur français à Constantinople eut plus d'une fois occasion d'être utile aux vénérables religieux du Saint-Sépulcre. Dix ans après le départ des Français, leur souvenir était présent parmi les peuplades de la Syrie, ainsi que le prouve le fait suivant raconté par M. de Châteaubriand. Le célèbre voyageur se rendait de Jaffa à Jérusalem. « Tout à coup, dit-il, je fus frappé de ces mots prononcés distinctement en français : *en avant marche!* je tournai la tête et j'aperçus une troupe de petits Arabes tout nus qui faisaient l'exercice avec des bâtons de palmier..... Voir des petits Bédouins dans les montagnes de Judée imiter nos exercices militaires et garder le souvenir de notre valeur, il y aurait eu de quoi toucher un homme moins amoureux que moi de la gloire de sa patrie. Je donnai quelques pièces de monnaie au petit bataillon en lui disant : « en avant marche! » et afin de ne rien oublier, je lui criai : « Dieu le veut! Dieu le veut! » comme les compagnons de Godefroy et de saint Louis. »

La chrétienté avait toujours les yeux fixés sur Jérusalem ; les pèlerins pouvaient, à l'aide d'une tolérance chèrement achetée, parcourir les lieux saints, objets d'une éternelle vénération ; mais l'attention de l'Europe fut trop longtemps distraite pour se porter sur les événements qui se passaient en Palestine; en 1832 seulement, l'intérêt se tourna de nouveau vers cette province. Abdallah, pacha de Saint-Jean-d'Acre, ayant, par sa conduite, excité le courroux du sultan, celui-ci ordonna au vice-roi d'Égypte de faire rentrer ce sujet rebelle dans le devoir. Méhémet-Ali s'empressa d'obéir à un ordre qui s'accordait si bien avec ses projets ambitieux; il mit son fils adoptif Ibrahim à la tête d'une armée formidable, et la Syrie fut promptement envahie. Caïffa, Jaffa, Gaza tombèrent successivement au pouvoir des Égyptiens, mais Saint-Jean-d'Acre opposa une résistance longue et vigoureuse qui se prolongea pendant plusieurs mois. Abdallah, qui commandait en personne, assiégé par terre et par mer, se défendit avec courage et opiniâtreté. A la fin, ne recevant pas les secours qu'il attendait, il fut forcé de capituler en mai 1832.

Le vice-roi, fier de ce premier succès, voulut conquérir toute la Syrie, et se mit immédiatement en marche vers Damas. Le pacha l'attendait hors des murs avec une forte armée, mais dès le premier choc, ses soldats prirent la fuite, et lui-même se sauva, laissant sa capitale à la merci de son heureux rival. Quelques jours après, Ibrahim poursuivait les fuyards sur la route d'Alep; le pacha de cette ville essaya de s'opposer à la marche des vainqueurs; il leur livra bataille, mais ses troupes ne purent tenir, et leur déroute fut complète.

Ibrahim, à son arrivée à Antioche, apprit qu'Hassan-Pacha gardait les défilés du mont Taurus avec une armée de trente-six mille hommes, campée à Beilan. Quoique cette position fût très-forte, le général égyptien résolut de s'en emparer, afin de conduire ses soldats victorieux en Caramanie. Le succès couronna son entreprise : dès la première bataille, il défit Hassan si complétement, qu'il lui fut impossible d'en livrer une seconde.

Cette victoire ouvrit à Ibrahim les passages de ces montagnes qui forment de ce côté la défense de la Turquie. Le sultan fut alors pleinement éclairé sur les intentions du vice-roi, qu'il n'avait que soupçonnées jusqu'alors ; afin d'éviter les dangers qui le menaçaient, il réunit une armée de soixante mille hommes, commandée par le grand-visir. Les deux généraux se trouvèrent en présence sur le champ de bataille de Koniak, le 21 octobre 1832. La victoire fidèle à Ibrahim l'aurait infailliblement conduit aux portes de Constantinople, si l'intervention de la Russie n'avait sauvé l'empire ottoman d'une ruine qui paraissait inévitable.

Par suite du traité qui suivit, Ibrahim évacua la Caramanie et repassa le Taurus, mais il conserva, au nom du vice-roi, la Syrie et la Palestine. Sous l'administration éclairée et prévoyante de Méhémet-Ali, les chrétiens de Jérusalem jouirent d'une protection qu'ils ne connaissaient plus depuis longtemps. Les brigandages des Bédouins furent réprimés, et un voyage en Palestine devint aussi facile et aussi sûr qu'un voyage au Caire.

Mais cet état de choses dura peu ; la Turquie, appuyée par quelques nations européennes, a forcé Méhémet à lui restituer la Syrie, qu'elle est cependant incapable de gouverner. Les insurrections, les guerres civiles et les désordres de toute espèce sont venus de nouveau agiter ces contrées ; au moment où nous écrivons ces lignes, les Druses et les Maronites sont en pleine révolte contre la Turquie. Qui peut prévoir le sort destiné à la ville sainte! faisons des vœux pour que le berceau de notre foi soit respecté au milieu de ces querelles, et pour que, quel que soit le vainqueur, un chrétien pieux puisse aller sans danger se prosterner devant le saint tombeau de notre divin maître et visiter les lieux où se sont accomplis les mystères sacrés de notre rédemption !

CHAPITRE V.

LITTÉRATURE ET CÉRÉMONIES RELIGIEUSES DES HÉBREUX.

Colléges lévitiques. — Écoles des prophètes. — Prophètes. — Faux prophètes. — Jérémie. — Supériorité de la littérature des Hébreux. — Division du temps. — Fêtes. — La Pâque. — Fête des Semaines, — des Tabernacles. — Autres anniversaires. — Pourquoi les Hébreux n'ont pas de littérature profane. — Sublimité de leur poésie. — Leur littérature est au-dessus de celle de toutes les autres nations.

L'état des connaissances et des écoles des Hébreux, avant leur captivité à Babylone, est difficile à fixer autrement que par de simples conjectures; en effet, il est probable que la sage précaution qui avait divisé les cités lévitiques entre toutes les tribus, assura la transmission héréditaire des traditions de la loi civile et religieuse; il est également probable que les connaissances de toute espèce se développèrent dans ces communautés et qu'elles furent dominées par leur caractère et leur esprit. Il paraît que la poésie, l'éloquence, la musique, et même les sciences physiques cultivées au temps de Salomon et de David, étaient enseignées dans les colléges lévitiques, institués pour perpétuer les principes de religion, de morale et de patriotisme, qui ont toujours fait des Hébreux un peuple à part.

Il y avait encore d'autres écoles fort importantes, dont les livres saints de l'Ancien Testament parlent fréquemment sous le nom d'école des prophètes. Dans ces établissements, on préparait spécialement les jeunes gens à l'exercice des fonctions sacrées inférieures; les élèves étaient entretenus par le trésor public, et placés sous la surveillance de personnes distinguées par leur sagesse et leurs talents. Outre l'explication de la loi, les principales études étaient celles de la musique et de la poésie, dont la connaissance était indispensable aux jeunes prophètes, car dans plusieurs passages de l'Ancien Testament, on voit que ces hommes d'élite s'accompagnaient d'instruments de musique, tel que le psaltérion, la harpe, etc.

Les fonctions des prophètes ne se bornaient pas à adresser des prières et des actions de grâces à l'Éternel : ils expliquaient et développaient les principes de la loi, ils faisaient des exhortations au peuple, et la plus grande partie des chants des prophètes, qui ont été conservés, consiste en remontrances, en reproches, en plaintes et en menaces. Pour être prophète dans le sens que les Hébreux attachaient à ce mot, il n'était pas nécessaire de prévoir les événements futurs. Il est vrai cependant que ce fut parmi ces saints personnages que le Tout-Puissant choisit ceux auxquels il révéla ses intentions relatives à son Église. Ceux-ci instruisaient leurs disciples, leur découvraient l'esprit de la loi et leur expliquaient le sens caché des allégories relatives à l'état futur de l'Église.

Les dispositions à la prédiction étaient donc cultivées dans les écoles des prophètes, et ce fut la source d'un grand abus. Plusieurs hommes, se fiant plutôt à leur orgueil qu'aux inspirations de l'Esprit de vérité, se vantaient de prévoir l'avenir terrestre des nations et des individus. De là sortirent cette foule d'imposteurs qui contrefaisaient l'extérieur des vrais prophètes, et soit par opération du démon, soit par artifice, entraient en fureur et parlaient d'un style extraordinaire pour imiter les effets sensibles que l'Esprit de Dieu faisait dans les prophètes véritables (Fleury, chapitre 21).

Lorsque les discours d'un orateur étaient de nature à troubler le repos de la nation, on pouvait le traduire devant le Grand-Conseil, et il était absous s'il s'était seulement trompé sans intention. La vie de Jérémie offre un exemple d'une accusation de cette nature.

Jérémie, indigné des infractions continuelles à la loi qu'il voyait commettre, s'éleva longtemps contre les rois, contre les chefs, contre le peuple ; ensuite il se transporta dans les parvis du Temple pour haranguer les citoyens qui venaient s'y prosterner, et, leur parlant au nom de Jéhovah, il leur dit : que s'ils ne restaient pas fidèles à la loi, s'ils ne quittaient pas la fausse route dans laquelle ils marchaient, le Temple serait détruit de fond en comble et la ville livrée aux malédictions de toutes les nations de la terre.

A peine ces paroles furent-elles prononcées, que les chefs, les autres prophètes et le peuple se saisirent de lui. Le Grand-Conseil s'assembla, et les accusateurs demandèrent la punition de cet homme, qui avait prophétisé d'affreux malheurs contre la ville : Jérémie répondit que le Dieu d'Israël l'avait envoyé et chargé de leur annoncer des malheurs, afin qu'ils changeassent de conduite, et termina en disant qu'on le traitât d'une manière bonne et juste, mais qu'en le condamnant on frapperait l'innocent. De toutes parts le peuple s'écria qu'il ne méritait pas d'être condamné, puisqu'il parlait au nom de Jéhovah; suivant son droit, le conseil fut de cet avis, et Jérémie fut renvoyé absous.

D'un autre côté, il arrivait quelquefois que l'accomplissement d'une prophétie ne suffisait pas pour établir aux yeux du peuple le caractère prophétique; certes si jamais événement a été prédit à l'avance, c'est bien celui de la prise de Jérusalem et de la captivité des Juifs. Ce que Jérémie avait annoncé se trouva confirmé dans tous les points : il ne put cependant échapper aux soupçons, et, après sa mort, il fut accusé, par plusieurs de ses concitoyens, d'avoir favorisé les projets des Chaldéens par ses paroles décourageantes et de mauvais augure.

Notre objet présent est bien plus de considérer les prophètes sous le rapport littéraire, que la mission spéciale de ceux d'entre eux qui furent chargés, par l'Éternel, de révéler les secrets de l'avenir. Les fruits de leurs études nous ont été conservés dans les Psaumes et dans les Proverbes; les premiers sont une collection de cantiques composés pour le service du culte de Jéhovah; les autres forment un traité de vérités pratiques suggérées par la sagesse divine et exposées dans un langage remarquable par sa vigueur et sa rare simplicité. Les livres qui portent le nom de Salomon sont bien au-dessus de tous ceux du même genre par les maximes consolantes adressées aux hommes de toutes les conditions, qui, entourés d'une multitude de dangers de toute nature, y trouvent un guide pour leur conduite et des adoucissements à leurs chagrins.

C'est surtout quand les prophètes parlent des attributs et des œuvres de Jéhovah, quand ils s'expriment en son nom, qu'ils sont supérieurs à tous les autres écrivains. Les poëtes du paganisme, en nous faisant connaître leurs divinités, n'inspirent que le mépris et le dégoût; mais les Hébreux, inférieurs sous tant de rapports aux Grecs et aux Romains, sont sans rivaux pour la sublimité de leurs expressions et de leurs images, lorsqu'ils font connaître l'Être suprême comme créateur et régulateur du monde. Dans quel auteur de l'antiquité trouverait-on ce langage plein de grandeur et de magnificence qu'on rencontre à chaque page dans les psaumes et dans les écrits des prophètes?

Mais ce n'est pas seulement par ce caractère de simplicité sublime que la littérature des Hébreux surpasse celle des nations les plus savantes et les plus éclairées; ils se distinguent encore par les préceptes d'humanité et de fraternité qu'ils préconisaient dans un temps où les mœurs de tous les peuples étaient encore entachées de barbarie.

Dans le système formulé par Moïse, tout se rapportait à la loi et tout remontait à l'Éternel; c'est ce qui imprime aux paroles des prophètes un cachet particulier; c'était dans la loi qu'ils puisaient leurs inspirations, soit qu'ils voulussent, tant qu'elle était observée, adresser des cantiques d'action de grâces, soit, quand elle était négligée, qu'ils y trouvassent le texte de ces admirables remontrances où ils annonçaient au peuple les malheurs qui suivraient cette transgression, s'il ne changeait de conduite.

L'importance de l'institution lévitique, qui donna naissance aux écoles des prophètes, sera mieux appréciée si on se rappelle les malheurs qui suivirent la suppression de ces écoles, d'abord parmi les dix tribus rebelles, puis après la chute du royaume de Juda. La scission des Israélites, sous Jéroboam, qui dut son origine à l'inobservance de la loi, les conduisit à l'établissement d'un culte rival. Cette révolution força tous les lévites, restés attachés à la foi de leurs pères, à quitter les villes qu'ils habitaient sur le territoire des tribus révoltées et à chercher un asile au milieu de leurs frères de Juda. De là la négligence totale de la loi et le triomphe de l'idolâtrie, qui s'établit dans le nouveau royaume. Cependant, il est digne de remarque que le peuple conserva soigneusement des copies du Pentateuque, même après la désolation du pays et la destruction de son indépendance politique.

D'un autre côté, il est également bien remarquable que chez les Hébreux de Jérusalem, la loi fut peu à peu tellement mise en oubli, que, sous le règne de Josaphat, il devint nécessaire de nommer une commission composée de prêtres et de lévites, afin d'enseigner les préceptes sacrés dans tout le pays.

Cette sage précaution ne dura pas longtemps; après une succession de plusieurs princes idolâtres, la négligence pour les écrits mosaïques arriva au point qu'on perdit les manuscrits authentiques et jusqu'au livre de la loi qui avait servi aux lectures dans le temple. Ce fut sous le règne de Josias, célèbre par sa piété, que le grand-prêtre retrouva ce précieux livre. Cette découverte rendit au peuple un zèle momentané pour les usages et le culte de ses ancêtres, mais il s'éteignit bientôt. La négligence et l'impiété des souverains qui conduisirent de nouveau le pays dans une série de fautes et de péchés, furent malheureusement imitées par le peuple, et les préceptes divins de la loi tombèrent encore dans l'oubli.

Au retour de la captivité, il s'opéra un changement total : les Juifs, qui, dans le temps de leur prospérité, étaient tombés dans l'idolâtrie, observèrent alors rigoureusement la loi donnée à Moïse ; Esdras fut chargé de réunir les manuscrits qui étaient échappés au désastre général, et pour les transcrire, il substitua à l'alphabet samaritain, dont on s'était servi jusqu'alors, celui des Chaldéens, le seul que ses concitoyens pussent lire.

Mais abandonnons cette digression, et remontons aux premiers temps de la royauté sur lesquels nous avons quelques mots à ajouter.

Les écoles des prophètes, où toutes les connaissances étaient étudiées, furent, avons-nous dit, les sources principales de la littérature nationale. Il paraît néanmoins que, sous le règne de Samuël, il devint nécessaire de créer plusieurs établissements d'un degré inférieur, pour l'éducation de docteurs chargés d'instruire les Hébreux qui vivaient éloignés des cités lévitiques. La règle de ces écoles avait quelques points de ressemblance avec celle des couvents du premier âge du christianisme. Les élèves obéissaient à un supérieur ; ils vivaient sobrement et travaillaient de leurs mains ; leurs vêtements étaient de

4

la plus grande simplicité, semblables en cela aux prophètes qui se ceignaient les reins avec un sac.

Un peuple dont les occupations étaient celles de la vie agricole et pastorale, ne devait pas s'élever bien haut dans les sciences. Salomon, cependant, connaissait toutes les productions de la nature depuis le cèdre de la montagne jusqu'à l'hysope de la vallée. En astronomie, les Hébreux ne virent rien au delà d'un magnifique objet de contemplation pour un esprit pieux et rêveur. Ils regardaient le firmament comme un espace plane, semblable à un rideau ou au pavillon d'une tente. Les écoles des prophètes ignoraient les profonds calculs qui servent à déterminer la distance, la grandeur et la révolution périodique des corps célestes. La connaissance exacte de la marche des astres étant indispensable pour établir une division régulière du temps, les Israélites ne purent faire usage que des phénomènes répétés chaque jour, le lever et le coucher du soleil et de la lune. En conséquence, leur année était soli-lunaire, ayant douze mois lunaires et un intercalaire pour qu'elle coïncidât avec le cours annuel du soleil. L'année fut ensuite distinguée en commune et en ecclésiastique. La première commençait à l'équinoxe d'automne, époque où, suivant eux, le monde avait été créé, tandis que l'autre commençait à l'équinoxe du printemps. Le premier jour de chaque mois était celui de la nouvelle lune. Avant la captivité, les mois se nommaient dans leur ordre numérique de un à douze, en partant de celui de l'équinoxe du printemps. Au retour de Babylone, on adopta les noms en usage dans ce pays.

Les mois étaient alternativement de trente et de

vingt-neuf jours, ce qui donnait un total de trois cent cinquante-quatre jours ; pour remplacer les onze jours et six heures qui manquaient afin de compléter l'année solaire, on introduisait, tous les deux ans, un mois de vingt-deux jours, et tous les quatre ans, un de trente-trois ; de cette manière, ils approchèrent plus près que toutes les autres nations de l'exactitude de notre calendrier grégorien.

L'espace compris entre le lever et le coucher du soleil se divisait en douze parties égales ; ainsi donc, la longueur des heures variait avec les saisons. Quand le soleil se levait à cinq heures et se couchait à sept, une heure contenait soixante-dix minutes, elle n'en avait que cinquante quand le soleil se levait à sept heures et se couchait à cinq. La nuit était divisée d'après la même méthode.

Faisons connaître maintenant les fêtes religieuses des Hébreux, le temps et le lieu où elles se célébraient. Lorsqu'ils eurent pris possession de la terre promise, le tabernacle construit par ordre de Moïse, que l'on plaçait et replaçait à chaque station, fut stationnaire à Silo, ville de la tribu d'Éphraïm. C'était le point central de réunion, le seul lieu où toute la nation adressait ses vœux à l'Éternel jusqu'au moment de la construction du temple à Jérusalem. Mais dans l'intervalle entre les fêtes nationales, les cérémonies ordinaires de la religion s'accomplissaient dans un lieu particulier de chaque ville.

Il est difficile d'établir précisément à quelle époque les Hébreux commencèrent leurs assemblées connues depuis sous le nom de synagogues. La plus ancienne mention qu'en fassent les livres saints se trouve dans le psaume 74, où l'écrivain sacré, en parlant des ravages commis par les Assyriens, ajoute qu'ils brûlèrent toutes les synagogues du Dieu fort sur la terre; et dans les Actes des Apôtres, saint Jacques dit que les synagogues existaient depuis des temps fort anciens (*à temporibus antiquis*).

La loi des Hébreux reconnaissait trois grandes fêtes nationales pendant lesquelles nul ne pouvait se dispenser de paraître devant Jéhovah, au lieu consacré. La première était la fête de Pâque, instituée en commémoration de la sortie d'Égypte; on la célébrait le quinzième jour du premier mois; elle durait sept jours, ainsi que les autres fêtes, apparemment, dit Fleury, en mémoire des jours de la création. On ne pouvait, pendant la Pâque, manger que du pain sans levain, afin de rappeler les misères souffertes dans le désert.

La Pentecôte, fête d'action de grâces en anniversaire de la promulgation de la loi et du premier serment de l'alliance, arrivait cinquante jours après Pâque, d'où lui est venu le nom de Pentecôte que les Grecs lui ont donné en traduisant les saintes Écritures, car le législateur l'avait nommée fête des Semaines. Racine a pompeusement décrit cette fête dans les vers suivants:

Oui, je viens dans son temple adorer l'Éternel;
Je viens, selon l'usage antique et solennel,
Célébrer avec vous la fameuse journée
Où sur le mont Sina la loi nous fut donnée.
Que les temps sont changés! sitôt que de ce jour
La trompette sacrée annonçait le retour,
Du temple orné partout de festons magnifiques,
Le peuple saint en foule inondait les portiques;
Et tous devant l'autel avec ordre introduits,
De leurs champs dans leurs mains portant les nouveaux fruits,
Au Dieu de l'univers consacraient les prémices.

La fin des vendanges ramenait la fête des Tabernacles, en mémoire de l'établissement dans la terre de Chanaan. Le quinzième jour du septième mois, les Israélites se rassemblaient, et, pendant sept jours, renouvelaient les festins nationaux, non pas dans l'intérieur des villes, mais sous des cabanes recouvertes de touffes de verdure, de branches de palmiers, de saules et d'autres arbres, touchant souvenir du séjour que leurs pères avaient fait dans le désert. Le premier jour de chaque mois était annoncé par le son des trompettes et des instruments de musique, mais celui qui correspond à notre mois de septembre, et qui était le commencement de l'année civile, était marqué par une plus grande solennité, et ce jour portait le nom de fête des Trompettes : un officier public annonçait en grande pompe au peuple assemblé, que l'année écoulée était ajoutée à l'âge du monde.

Tous les cinquante ans revenait l'année du Jubilé, époque de grandes fêtes; ce qui a été dit au sujet de cette importante disposition de la loi nous dispense d'en parler ici.

Outre ces anniversaires consacrés par l'autorité divine, les Hébreux en célébraient d'autres en commémoration de quelques faits importants de leur histoire, tel était celui de la Dédicace, rappelant la purification du sanctuaire ordonnée par Judas Machabée, après que le lieu saint eut été profané par Antiochus : on le célébrait à Jérusalem pendant l'hiver, ainsi que nous l'apprend saint Jean dans son Évangile. La restauration du feu sacré dans le temple, après le retour de Babylone, était également fêtée chaque année. Ce feu, éteint depuis longtemps, avait été rallumé sur l'autel par Néhémie quand il rebâtit le temple, aussi les Hébreux conservaient-ils précieusement la mémoire de cet événement important.

Les anciens Juifs n'ont pas de littérature profane ni aucun ouvrage de récréation ou d'amusement ; ce fait, si remarquable en lui-même, peut cependant être expliqué. De même qu'ils repoussèrent les arts d'émulation, tant qu'ils restèrent fidèles à leur culte, parce que la loi défendait de faire des images des choses terrestres ou célestes ; de même, ils regardaient comme une profanation sacrilége l'emploi, pour une fiction de quelque nature qu'elle fût, de ce sublime langage dont ils se servaient pour adresser à Jéhovah leurs prières et leurs actions de grâces. Tous les écrits des Hébreux sont empreints d'une gravité solennelle convenable à un peuple chargé de conserver l'histoire du monde et les promesses divines. Jamais un sourire n'a effleuré les lèvres d'un auteur juif, jamais il ne s'est livré à une plaisanterie, jamais un mélange d'idées burlesques ne s'est glissé dans ses écrits. Le style analogue aux sujets qu'il traite est toujours chaste et sévère ; quand les écrivains parlent au nom de l'Éternel, le choix des expressions est toujours à la hauteur de ces communications divines, et jamais dans leurs récits historiques ou dans leurs prophéties, ils n'oublient qu'ils sont les propagateurs des heureuses nouvelles qui doivent assurer le bonheur de tout le genre humain.

Aussi l'Église catholique trouve-t-elle encore, dans les psaumes des Hébreux, les sentiments les plus purs que la piété puisse inspirer au fidèle qui veut élever son âme à l'Éternel.

CHAPITRE VI.

DESCRIPTION DE JÉRUSALEM.

Établissement des pèlerinages. — Leur histoire depuis les premiers temps du christianisme. — Route de Jaffa à Jérusalem. — Tour des Quarante-Martyrs. — Rama. — Village du Larron. — Château des Machabées. — Village de Saint-Jérémie. — Approches de Jérusalem. — Aspect de la ville d'après M. de Châteaubriand, — d'après M. de Lamartine. — Monastère de Saint-Sauveur. — Les Pères Franciscains. — Anecdote arrivée à M. Michaud. — Intérieur du couvent. — Église du Saint-Sépulcre. — Incendie de 1808. — Description de la basilique par le Père Géramb. — Semaine sainte à Jérusalem. — La Passion en action. — Le feu sacré. — Anecdotes sur cette superstition des Grecs. — La voie douloureuse. — Digression sur la couronne d'épines. — Lieux sacrés de l'intérieur de la ville. — Chapelle des Arméniens. — Mosquée d'Omar. — Synagogues. — Montagne de Sion. — Maison de Caïphe. — Palais et tombeau de David. — Fontaine de Siloë. — Torrent de Cédron. — Vallée de Josaphat. — Tombeaux d'Absalon, de Zacharie, de saint Jacques. — Fontaine probatique. — Château des Pisans. — Murs extérieurs. — Aspect général de la ville. — Physionomie de l'intérieur. — Quartier des Juifs, — des musulmans. — Mosquées. — Convoi musulman. — Réflexions de M. Michaud.

Dès les premiers siècles de l'Église, l'usage s'était introduit parmi les chrétiens de faire des pèlerinages à la Terre-Sainte. La Judée, remplie de souvenirs religieux, était encore la terre promise pour les fidèles. Les bénédictions du ciel semblaient être réservées à ceux qui visitaient le Calvaire, le tombeau de Jésus-Christ, et renouvelaient leur baptême dans les eaux du Jourdain. Sous le règne de Constantin, l'ardeur des pèlerins s'accrut encore; ils accoururent de toutes les parties de l'empire pour adorer Jésus-Christ sur son tombeau, et suivre les traces de notre Sauveur dans cette ville qui venait de reprendre son ancien nom, et que la piété d'un empereur avait fait sortir de ses ruines.

Les pèlerins, qui n'avaient plus à redouter les persécutions des païens, purent obéir sans crainte aux inspirations de leur piété; les aigles romaines, ornées de la croix de Jésus-Christ, les protégeaient dans leur marche; partout, ils foulaient les débris des idoles et voyageaient au milieu de leurs frères les chrétiens.

Il n'en fut pas de même sous le règne de Julien; cependant, malgré les obstacles apportés par ses édits, les fidèles ne cessèrent point de visiter la Palestine; saint Jérôme, qui, sur la fin du quatrième siècle, s'était retiré à Bethléem, nous apprend, dans une de ses lettres, que les pèlerins arrivaient en foule et qu'autour du saint tombeau on entendait célébrer dans des langues diverses les louanges du Fils de Dieu.

A mesure que les peuples de l'Occident se convertissaient au christianisme, ils tournaient leurs regards vers l'Orient. Du fond de la Gaule, des forêts de la Germanie, on voyait accourir de nouveaux chrétiens jaloux de visiter le berceau de la foi qu'ils avaient embrassée.

Quand l'Europe fut ravagée par les Goths, les Huns et les Vandales, les pèlerinages à la Terre-Sainte ne furent point interrompus. Les pieux voyageurs étaient protégés par les vertus hospitalières des Barbares, qui commençaient à respecter la croix de Notre-Seigneur. Dans ces temps de trouble et de désolation, un pauvre pèlerin, portant sa pannetière et son bourdon, voyageait sans crainte au milieu des armées qui menaçaient les empires d'Occident et d'Orient.

Les persécutions qui suivirent la conquête musulmane n'arrêtèrent point la foule des chrétiens qui se rendaient à Jérusalem. La vue de la ville sainte soutenait leur courage en même temps qu'elle enflammait leur dévotion : il n'était point de maux, point d'outrages qu'ils ne supportassent avec résignation, en se rappelant que Jésus-Christ avait été chargé de fers et qu'il était mort sur la croix, dans les lieux qu'ils allaient visiter. Parmi les fidèles d'Occident qui arrivèrent en Asie dans les premiers temps de la conquête, l'histoire a surtout distingué saint Antoine de Plaisance et saint Arculfe.

Arculfe séjourna neuf mois à Jérusalem ; à son retour en Europe, il raconta ce qu'il avait vu dans la Palestine; la relation de son pèlerinage fut rédigée en 690, par Adaman, abbé de Jona en Angleterre, pour l'instruction et l'édification des fidèles.

Sous le califat d'Aaroun, les chrétiens de Jérusalem furent traités avec douceur, et les pèlerins qui arrivaient dans la ville étaient reçus dans un hospice. Au rapport du moine Bernard qui, en 870, fut lui-même un de ces pèlerins, l'hospice de l'église latine était composé de douze maisons ou hôtelleries;

à ce pieux établissement étaient réunis des champs, des vignes et un jardin situés dans la vallée de Josaphat.

Au besoin de visiter le tombeau de Jésus-Christ, se joignait le désir de recueillir les reliques recherchées alors avec avidité par la dévotion des chrétiens. Tous ceux qui revenaient de l'Orient se faisaient une grande joie de rapporter dans leur patrie quelques restes précieux de l'antiquité chrétienne, et surtout les ossements des saints martyrs qui faisaient l'ornement ; la richesse des églises, et sur lesquels les princes et les rois juraient de respecter la vérité et la justice.

Les productions de l'Orient attiraient aussi l'attention des peuples de l'Europe. Devant l'église Sainte-Marie-la-Latine, dit le moine Bernard, s'étendait une grande place qu'on appelait le Marché-des-Francs ; tous les ans au 16 septembre, on ouvrait sur le Calvaire une foire où s'échangeaient les productions de l'Europe et de l'Orient.

Tels étaient les motifs qui attiraient si loin de leur patrie ces innombrables pèlerins, qui, soit isolés, soit par troupes nombreuses, visitèrent la Palestine jusque vers la fin du onzième siècle. On a vu comment l'intérêt des musulmans les portait à garantir la sûreté de ces pieux voyageurs ; il y eut cependant de longs intervalles de persécutions et d'exactions, qui à la fin déterminèrent les croisades.

Tant que l'étendard de la croix flotta à Jérusalem, les pèlerinages se confondirent avec les expéditions guerrières qui se succédèrent en Palestine ; mais ils reprirent leur premier caractère lorsque le royaume franc eut cessé d'exister, et se continuèrent sans interruption. Dès le commencement du dix-septième siècle, il se présenta, avec ces pèlerins, de nombreux voyageurs qui, poussés par des motifs de diverse nature visitèrent la Terre-Sainte.

Si on voulait citer seulement les noms de tous ceux qui se sont succédé jusqu'à nos jours, et qui ont publié les relations de leurs voyages, il faudrait remplir un assez grand nombre de pages. D'un autre côté, il serait fastidieux d'analyser tous ces récits, car ce ne sont pas les aventures personnelles d'un voyageur qui nous intéressent, mais c'est la description des lieux consacrés par la vie et la mort du divin Rédempteur, ce sont les pieuses émotions que ces lieux font naître dans l'âme du visiteur chrétien. Mais en groupant les détails épars dans ces divers récits, en les rapprochant les uns des autres, on peut parvenir à posséder une description exacte de cette terre à jamais illustre, où l'on trouve à chaque pas les souvenirs vivants de la vie et des miracles de notre divin Rédempteur. C'est cette marche que nous allons suivre ; nous consacrerons ce chapitre à la description générale de Jérusalem ; dans le suivant, nous parcourrons les lieux situés au sud et à l'est de la ville ; enfin nous nous occuperons des localités qui se trouvent au nord et à l'ouest.

On sait que deux routes conduisent à Jérusalem : l'une par l'Égypte, l'autre par Jaffa ; c'est cette dernière que nous allons suivre avec les illustres voyageurs Châteaubriand, Michaud et Lamartine. « En sortant de Jaffa, c'est M. de Châteaubriand qui parle, nous cheminâmes d'abord au milieu de jardins qui devaient être charmants autrefois. Ces jardins ont été ravagés par les différents partis qui se sont disputé les ruines de Jaffa : mais il y reste encore des grenadiers, des figuiers des Pharaon, des citroniers, quelques palmiers et des pommiers.

« Nous nous avançâmes dans la plaine de Saron, dont l'Écriture loue la beauté. Les fleurs qui couvrent au printemps cette campagne célèbre, sont les roses, le narcisse, l'anémone, les lis blancs et jaunes, les giroflées et une espèce d'immortelle très-odorante. La plaine s'étend le long de la mer, depuis Gaza au midi, jusqu'au mont Carmel au nord. Elle est bornée au levant par les montagnes de Judée et de Samarie. Elle n'est pas d'un niveau égal ; elle forme quatre plateaux qui sont séparés les uns des autres par un cordon de pierres nues et dépouillées. Le sol est une arène fine, blanche et rouge, et qui paraît d'une extrême fertilité, mais qui est peu cultivé. Çà et là paraissent quelques villages toujours en ruines, quelques bouquets d'oliviers et de sycomore.

« Avant d'entrer à Rama, nous quittâmes le chemin pour visiter une citerne, ouvrage de la mère de Constantin. On y descend par vingt-sept marches ; elle a trente-huit pas de long, sur trente de large ; elle est composée de vingt-quatre arches et reçoit les pluies par vingt-quatre ouvertures. De là, à travers une forêt de nopals, nous nous rendîmes à la *tour des Quarante-Martyrs*, aujourd'hui le minaret d'une mosquée abandonnée, autrefois le clocher d'un monastère dont il reste d'assez belles ruines. On veut que la sainte famille se soit arrêtée dans ce lieu, lors de la fuite en Égypte.

« A Rama, qui porte aussi le nom de Ramla, Ramlé en arabe, les moines de la Terre-Sainte ont un couvent qui sert d'asile aux voyageurs. Comme le jour n'était pas encore à sa fin, nous soupâmes sur les terrasses qui forment le toit du couvent. Les monastères de la Terre-Sainte ressemblent à des forteresses lourdes et écrasées, et ne rappellent en aucune façon les monastères de l'Europe. Nous jouissions d'une vue charmante ; les maisons de Rama sont des cahutes de plâtre, surmontées d'un petit dôme, tel que celui d'une mosquée ; elles semblent placées dans un bois d'oliviers, de figuiers, de grenadiers, et sont entourées de grands nopals qui affectent des formes bizarres, et entassent en désordre les uns sur les autres leurs palettes épineuses. Du milieu de ce groupe confus d'arbres et de maisons, s'élancent les plus beaux palmiers de l'Idumée. Il y en avait un surtout dans le lieu du couvent, que je ne me lassais point d'admirer; il montait en colonne à la hauteur de plus de trente pieds, puis épanouissait avec grâce ses rameaux recourbés, au-dessus desquels les dattes à moitié mûres pendaient comme des cristaux de corail.

« En sortant de Rama, nous chevauchâmes une heure sur un terrain inégal, et nous arrivâmes à quelques masures placées au haut d'une éminence rocailleuse. Nous franchîmes un des ressauts de la plaine, et, au bout d'une heure de marche, nous parvînmes à la première ondulation des montagnes de Judée. Nous tournâmes par un ravin raboteux autour d'un monticule isolé et aride. Au sommet de ce tertre, on entrevoyait un village en ruines et les pierres éparses d'un cimetière abandonné ; ce village porte le nom de *Latroun* ou du Larron : c'est la patrie du criminel qui se repentit sur la croix, et qui fit faire au Christ son dernier acte de miséricorde. Trois milles plus loin, nous entrâmes dans les montagnes. Nous suivions le lit desséché d'un torrent; la lune éclairait à peine nos pas dans ces profondeurs; les sangliers faisaient entendre autour de nous un cri singulièrement sauvage. Je compris à la désolation de ces bords comment la fille de Jephté voulait pleurer sur la montagne de Judée, et pourquoi les prophètes allaient gémir sur les hauts lieux. Quand le jour fut venu, nous nous trouvâmes au milieu d'un labyrinthe de montagnes de forme conique, à peu près semblables entre elles et enchaînées l'une à l'autre par la base. A chaque redan du rocher croissaient des touffes de chênes nains, des buis et des lauriers roses. Dans le fond du ravin s'élevaient des oliviers, et quelquefois les arbres formaient des bois entiers sur le flanc des montagnes. Parvenus au plus haut point de cette chaîne, nous découvrîmes derrière nous la plaine de Saron jusqu'à Jaffa, et l'horizon de la mer jusqu'à Gaza; devant nous s'ouvrait le vallon de Saint-Jérémie, et dans la même direction, sur le haut d'un rocher, on apercevait au loin une vieille forteresse appelée le *Château des Machabées*; on croit que l'auteur des *Lamentations* vint au monde dans le village qui a retenu son nom; il est certain que la tristesse de ces lieux semble respirer dans les cantiques du prophète des douleurs.

« Cependant, en approchant de Saint-Jérémie, je fus un peu consolé par un spectacle inattendu. Des troupeaux de chèvres à oreilles tombantes, des moutons à large queue, des ânes qui rappelaient par leur beauté l'onagre des Écritures, sortaient du village au lever de l'aurore. Des femmes arabes faisaient sécher des raisins dans les vignes ; quelques-unes avaient le visage couvert d'un voile, et portaient sur leur tête un vase plein d'eau, comme les filles de Madian. La fumée du hameau montait en vapeur blanche aux premiers rayons du jour; on entendait des voix confuses, des chants, des cris de joie : cette scène formait un contraste agréable avec la désolation du lieu et les souvenirs de la nuit.

« De la vallée de Jérémie, nous descendîmes dans celle de Térébinthe. Elle est plus profonde et plus étroite que la première. Nous arrivâmes au torrent où David enfant prit les cinq pierres dont il frappa le géant Goliath. Nous passâmes le torrent sur un pont de pierre, le seul qu'on rencontre dans ces lieux déserts : le torrent conservait encore un peu d'eau stagnante.

« Au delà, on découvre le village de Keriet-Lefta au bord d'un autre torrent desséché qui ressemble à un grand chemin poudreux. Nous continuâmes à nous enfoncer dans un désert, où des figuiers sauvages clair-semés étalaient au vent du midi leurs feuilles noircies. La terre, qui jusqu'alors avait conservé quelque verdure, se dépouilla; les flancs des montagnes s'élargirent, et prirent à la fois un air plus grand et plus stérile. Bientôt toute végétation cessa ; les mousses mêmes disparurent. L'amphithéâtre des montagnes se teignit d'une couleur rouge et ardente. Nous gravîmes pendant une heure ces régions attristées pour atteindre au col élevé que nous voyions devant nous. Parvenus à ce passage, nous cheminâmes pendant une autre heure sur un plateau nu, semé de pierres roulantes. Tout à coup, à l'extrémité de ce plateau, j'aperçus une ligne de murs gothiques flanqués de tours carrées, et derrière lesquels s'élevaient quelques pointes d'édifices. Au pied de ces murs, paraissait un camp de cavalerie turque dans toute la pompe orientale. Le guide s'écria : *El Kods* (la Sainte)! et il s'enfuit au grand galop.

« Je conçois maintenant ce que les historiens et les voyageurs rapportent de la surprise des croisés et des pèlerins à la première vue de Jérusalem. Je puis assurer que, quiconque a eu comme moi la patience de lire à peu près deux cents relations modernes de la Terre-Sainte, les compilations rabbiniques, et les passages des anciens sur la Judée, ne connaît rien du tout encore. Je restai les yeux fixés sur Jérusalem, mesurant la hauteur de ses murs, relevant tous les souvenirs de l'histoire depuis Abraham jusqu'à Godefroy de Bouillon, pensant au monde entier changé par la mission du Fils de l'homme, et cherchant vainement ce temple dont *il n'est resté pas pierre sur pierre*. Quand je vivrais mille ans, jamais je n'oublierai ce désert qui semble respirer encore la grandeur de Jéhovah et les épouvantements de la mort. »

Faisons succéder à ces pages du plus grand de nos prosateurs celles où le plus grand de nos poëtes a exprimé les sensations qu'il éprouva à la première vue de Jérusalem.

« Après avoir gravi, dit M. de Lamartine, une seconde montagne plus haute et plus nue encore que la première, l'horizon s'ouvre tout à coup sur la droite et laisse voir tout l'espace qui s'étend entre les derniers sommets de la Judée, où nous sommes, et la chaîne des montagnes d'Arabie. Un peu sur la gauche, et environ à une lieue de nous, le soleil brillait sur une tour carrée, sur un minaret élevé et sur les murailles jaunes de quelques édifices qui couronnent le sommet d'une colline basse, et dont la colline même nous dérobait la base; mais à quelques pointes de minarets, à quelques créneaux de murs plus élevés, et à la cime noire et bleue de quelques dômes qui pyramidaient derrière la tour et le grand minaret, on reconnaissait une ville, dont nous ne pouvions découvrir que la partie la plus élevée, et qui descendait le long des flancs de la colline : ce ne pouvait être que Jérusalem. C'était elle! Elle se détachait en jaune sombre et mat, sur le front bleu du firmament et sur le fond noir du mont des Oliviers. Nous arrêtâmes nos chevaux pour la contempler dans cette mystérieuse et éblouissante apparition. Chaque pas que nous avions à faire, en descendant dans les vallées profondes et sombres qui étaient sous nos pieds, allait de nouveau la dérober à nos yeux; derrière ces hautes murailles et ces dômes abaissés de Jérusalem, une haute et large colline s'élevait en seconde ligne, plus sombre que celle qui portait et cachait la ville; cette seconde colline bordait et terminait pour nous l'horizon, le soleil laissait dans l'ombre son flanc occidental, mais rasant de ses rayons verticaux sa cime, semblable à une large coupole, il paraissait faire nager son sommet transparent dans la lumière, et l'on ne reconnaissait la limite indécise de la terre et du ciel qu'à quelques arbres larges et noirs, plantés sur le sommet le plus élevé, et à travers lesquels le soleil faisait passer ses rayons; c'était la montagne des Oliviers, c'étaient ces oliviers eux-mêmes, vieux témoins de tant de jours écrits sur la terre et dans le ciel, arrosés de larmes divines, de la sueur de sang, et de tant d'autres larmes et de tant d'autres sueurs depuis la mort qui les a rendus sacrés ; on en distinguait confusément quelques autres qui formaient des taches sombres sur ses flancs ; puis les murs de Jérusalem coupaient l'horizon et cachaient le pied de la montagne sacrée. Plus près de nous, et immédiatement sous nos yeux, rien que le désert de pierres qui sert d'avenue à la ville de pierres. Ces pierres énormes et fondues d'une teinte uniforme de gris de cendre, s'étendent sans interruption jusqu'aux portes de Jérusalem. Les collines s'abaissent et se relèvent, des vallées étroites circulent et serpentent entre leurs racines, quelques vallons mêmes s'étendent çà et là, comme pour tromper l'œil de l'homme et lui promettre la végétation et la vie ; mais tout est de pierre : collines, vallées et plaines, ce n'est qu'une seule couche de dix à douze pieds d'épaisseur de roches fondues et qui n'offrent assez d'intervalle entre elles que pour laisser ramper le reptile, ou pour briser la jambe du chameau qui s'y enfonce. Plus on approche, plus les pierres se pressent et s'élèvent comme des avalanches éternelles prêtes à engloutir le passant. Les derniers pas que l'on fait avant de découvrir Jérusalem sont creusés au milieu d'une avenue immobile et funèbre de ces rochers, qui s'élèvent de dix pieds au-dessus de la tête du voyageur, et ne lui laissent voir que la partie du ciel qui est au-dessus d'eux. Nous étions dans cette dernière et lugubre avenue, nous y montions depuis un quart d'heure, quand les rochers, s'écartant tout à coup à droite et à gauche, nous laissèrent face à face avec les murs de Jérusalem, auxquels nous touchions sans nous en douter. Un espace vide de quelques centaines de pas s'étendait seul entre la porte de Bethléem et nous ; cet espace aride et ondulé s'ouvrait à droite, et s'y creusait un étroit vallon qui descendait en pente douce, et à gauche, il portait cinq vieux troncs d'oliviers à demi couchés sous le poids du temps et des soleils, arbres pour ainsi dire pétrifiés, comme les champs stériles d'où ils sont péniblement sortis. La porte de Bethléem, défendue par deux tours couvertes de créneaux gothiques, mais déserte et silencieuse comme les vieilles portes de châteaux abandonnés, était ouverte devant nous ; mais nous ne voulûmes pas entrer ce jour-là dans la ville sainte. »

Les voyageurs vont habituellement loger au monastère de Saint-Sauveur ; M. Michaud, qui a visité Jérusalem en 1831, parle ainsi de ce célèbre couvent. « Les gardiens du saint tombeau, dit-il, appartiennent à l'ordre de Saint-François, ils sont envoyés de l'Italie et de l'Espagne ; tous les établissements de la Terre-Sainte ont toujours été et sont toujours sous le patronage de la France, ce qui pourrait faire croire qu'il y a dans le couvent de Saint-Sauveur quelques moines français ; mais il n'y en a aucun. Ce qui m'étonne et m'afflige tout à la fois, c'est de n'entendre parler ici qu'un mauvais italien et un mauvais espagnol. Cette langue française, qu'au rapport d'un vieil historien, on parlait jadis à Jérusalem comme à Paris, est à peine connue dans le monastère des Pères latins, et tandis que toutes les langues de l'univers sont journellement entendues autour du saint tombeau, la langue du peuple de France est celle qu'on y parle le moins.

« Les pères Franciscains ont un couvent dans l'intérieur de l'église du Saint-Sépulcre, et leur sainte milice fait le service auprès du tombeau de Jésus-Christ. Il y a toujours treize moines qui veillent dans ce sanctuaire et qui sont là comme une garde avancée. Une fois entrés, ils ne sortent plus, car ce sont les musulmans qui ont la clef de l'église; les frères latins reçoivent leur nourriture à travers les barreaux, et restent ainsi jusqu'à ce que d'autres frères viennent leur succéder; véritables sentinelles qu'on place et qu'on relève tour à tour tous les trois mois. Ce couvent intérieur tombe en ruines de tous côtés, dans plusieurs endroits du toit il s'est formé de larges ouvertures par lesquelles passe la pluie dans les jours pluvieux; les cellules reçoivent plus d'eau qu'il n'en faudrait pour remplir une grande citerne. Ajoutez à cela que les chevaux des santons musulmans ont leur écurie au-dessus du réfectoire des moines, et qu'ils frappent du pied le plancher toujours près de s'écrouler. Les pauvres cénobites sont chaque jour à la veille d'être écrasés sous les débris de leurs cellules.

« Pour réparer le couvent, les moines ont fait d'énormes sacrifices non en constructions, mais en tributs de toute espèce qu'ils ont été obligés de payer pour obtenir une permission qui ne leur est pas encore accordée; les gardiens du saint tombeau auraient bâti un palais avec ce qu'ils ont donné aux musulmans. Comment les Pères latins peuvent-ils suffire à toutes ces exigences? ils ont d'ailleurs beaucoup d'autres dépenses à faire, car ils sont obligés d'entretenir vingt-deux couvents établis en Palestine, en Syrie et en Chypre. Dans des temps éloignés, les princes de l'Occident venaient au secours des catholiques de Jérusalem; avec les libéralités royales, les gardiens du Saint-Sépulcre pouvaient nourrir les pauvres, recevoir les pèlerins, entretenir les édifices des chrétiens dans la ville sainte. Mais ces ressources venues de si loin dépendaient de l'état où se trouvait l'Europe. Au milieu des plus grands orages de la révolution française, le couvent latin se trouva dans une telle misère, qu'il fut réduit à vendre les vases sacrés et les ornements des autels. J'ai vu un vieux Père espagnol qui me parlait, les larmes aux yeux, des candélabres, des lampes et des calices d'or qu'on avait vendus ou mis en gage pour ne pas mourir de faim à Jérusalem.

« Depuis ce temps, la charité des rois, la charité des fidèles a été sollicitée; en France quelques voix se sont élevées en faveur des gardiens du Saint-Sépulcre : l'éloquent abbé Desmasures, prêchant, comme il le disait lui-même, une croisade de charité, a recueilli de nombreuses aumônes, la pauvreté de Sion a été soulagée; mais les fruits de ces prédications ne pouvaient suffire à des besoins sans cesse renaissants et toujours les mêmes.

« J'ai voulu savoir comment les Pères latins, abandonnés ainsi par les rois et par une grande partie de la chrétienté, avaient pu se soutenir ; voilà les renseignements qui m'ont été donnés et qui sont d'une grande exactitude : la charité des fidèles suffit encore aux besoins des gardiens du Saint-Sépulcre, mais cette charité a besoin d'être réveillée par une sorte d'industrie; la Providence, en donnant la pâture aux petits des oiseaux, n'a point entendu par là que les oiseaux ne chercheraient pas eux-mêmes leur nourriture; les Pères de Saint-Sauveur ont compris la Providence de cette manière et n'ont rien négligé pour se mettre en état de donner le *pain quotidien* aux familles chrétiennes dont le sort leur est confié. Une grande quantité de chapelets se fabriquent sous leurs auspices; on les bénit, ainsi que beaucoup d'autres reliques, sur le Saint-Sépulcre, puis on les envoie aux ports de Saint-Jean-d'Acre, de Jaffa et d'Alexandrie; de là on les expédie par des occasions sûres, et presque toujours sans frais, pour l'île de Malte, pour les deux Siciles, pour l'Espagne et le Portugal; deux ou trois frères du couvent accompagnent ces pieuses cargaisons et les débitent. Les produits de cette vente sont envoyés à Jérusalem sans qu'il y ait jamais la moindre infidélité; telle est la précieuse manne qui tombe chaque jour sur les lieux saints et nourrit leurs pauvres habitants. Si cette ressource venait à leur manquer, si d'un autre côté les rois d'Espagne et de Portugal ne leur envoyaient plus aucun secours, tout me porte à croire qu'ils retomberaient dans la misère où la révolution de France les avait plongés, et qu'ils n'auraient pas même de quoi fournir de l'huile aux lampes du saint tombeau.

« Il en coûte beaucoup en Orient, et même aux voyageurs, de passer pour être les favoris de la fortune, et de paraître comblé de biens; à ce sujet, voici ce qui m'est arrivé. J'ai voulu aller à l'église du Saint-Sépulcre et sur le mont Sion avec l'habit de l'Institut; les palmes dont le costume est orné et sa couleur verte, couleur privilégiée chez les musulmans, avaient beaucoup ébloui les Turcs, on a été jusqu'à me prendre pour un prince de l'Occident; lorsqu'on est venu m'annoncer tout cela, j'en ai été effrayé, car les Turcs parlaient déjà d'un tribut que je devais leur payer. J'ai prié le drogman de démentir tous les bruits qui s'accréditaient sur ma grandeur, et surtout de faire entendre aux musulmans qu'il y avait bien loin de l'un des Quarante à un prince qui donne de gros bakchis. On a consenti à ne voir en moi qu'un pauvre pèlerin, et j'en ai été quitte pour la peur.

« Il ne faut pas voir dans le monastère un simple couvent de moines, il est la métropole de la plupart des établissements latins en Orient; il est à lui seul la grande famille catholique de ce pays, et nous représente tout ce qu'il reste des Francs en Syrie et sur les terres des infidèles. On ne doit pas oublier que les enfants des chrétiens y reçoivent leur éducation, les étrangers l'hospitalité, les malades des remèdes, les pauvres du pain. »

M. Poujoulat, qui accompagnait M. Michaud, a donné sur le couvent des détails intéressants que nous allons reproduire. « Le couvent de Jérusalem peut loger cent personnes et a son économe, son boulanger, son cuisinier, qu'assistent des servants inférieurs. La communauté se compose en ce moment de vingt-cinq religieux, prêtres ou simples frères; ils sont venus d'Espagne ou d'Italie. Depuis plus de vingt ans la Terre-Sainte n'a pas eu un seul religieux français, et celui qui se trouvait à Jérusalem à l'époque du passage de M. Châteaubriand, est le dernier prêtre de notre nation qui se soit consacré à la garde du divin tombeau. Chaque cénobite a sa petite chambre avec un lit, une table, un crucifix, une chaise et une cuvette, c'est là ce que fournit le couvent; comme les religieux font vœu de pauvreté et qu'ils ne possèdent rien, ils ne sauraient augmenter leur ameublement; les seuls embellissements qui soient à leur portée, consistent en images et en chapelets. Une robe de laine brune, serrée d'un cordon blanc, compose le costume des cénobites. Le couvent possède les seuls puits qui soient à Jérusalem, car Jérusalem n'a que des citernes, et quand elles s'épuisent, la ville n'a pour toute ressource que l'eau du puits de Néhémie.

« Dans le siècle dernier, une des principales curiosités du couvent était la pharmacie : Hasselquist parle de l'apothicairerie des Latins comme de la plus précieuse qui soit au monde; les drogues de toute espèce, les remèdes les plus vantés, les baumes les plus rares et les plus merveilleux enrichissaient cette pharmacie, évaluée par Hasselquist à cent mille piastres. Le religieux qui porte le titre de *Fra Dottore* m'a conduit dans la salle des trésors médicaux, et j'ai vu que l'apothicairerie de Saint-Sauveur avait beaucoup perdu de sa gloire.

« J'ai visité aussi ce qu'on appelle *il magasino*, c'est une grande salle avec des armoires et des tiroirs remplis des pieuses marchandises du couvent, chapelets, croix, images de la Vierge, saint-sépulcres, boîtes, coquilles; il y a des chapelets de différentes dimensions, de différents prix, de différente nature; les uns sont en petits ou en gros grains de nacre; les autres sont faits avec des noyaux de fruits. Les boîtes et les coquilles, ouvrages des chrétiens bethléémites, sont travaillées avec un art ingénieux; j'ai vu une de ces boîtes dont le couvercle représente Bonaparte en Égypte. Bethléem conserve comme ses propres souvenirs, les souvenirs de la gloire française.

« Le couvent de Saint-Sauveur a une école ouverte

à tous les enfants catholiques de Jérusalem. Indépendamment des doctrines de la foi chrétienne, on y apprend à lire et à écrire l'arabe, le latin et l'italien. Les élèves sont nourris au monastère et vont dormir chez leurs parents. Les huit premiers de l'école servent d'enfants de chœur et paraissent à tous les offices. S'il arrivait qu'un de ces élèves montrât une vocation bien décidée pour l'état ecclésiastique, on l'enverrait en Europe ou chez les maronites du Liban.

« La vie des cénobites de Saint-François est très-régulière, tout se fait à des heures marquées : on se couche à huit heures; on se lève à onze pour chanter l'office; on se recouche ensuite jusqu'à cinq heures du matin : l'après-midi est consacré au sommeil suivant la coutume d'Espagne et d'Italie. A six heures du matin tous les religieux prennent le café, ils dînent à onze heures et soupent à sept heures. Une clochette parcourt le couvent pour appeler à l'église ou au réfectoire. Le service de cuisine et de table est tout en étain; il est marqué de la croix à cinq branches de Terre-Sainte. Les cénobites passent sur les terrasses et dans les couloirs leurs heures de liberté. »

Ni M. Michaud, ni M. Poujoulat n'ayant donné la description du couvent, il convient de suppléer à leur silence à cet égard.

On y pénètre par une rue voûtée qui se lie à une autre voûte assez longue et très-obscure. Au bout de cette voûte on rencontre une cour formée par le bûcher, le cellier et le pressoir du couvent : on aperçoit à droite, dans cette cour, un escalier de douze à quinze marches; cet escalier monte à un cloître qui règne au-dessus du cellier, du bûcher et du pressoir, et qui, par conséquent, a vue sur la cour d'entrée. A l'orient de ce cloître s'ouvre un vestibule qui communique à l'église; elle est assez jolie : elle a un chœur garni de stalles, une nef éclairée par un dôme, un autel à la romaine et un petit jeu d'orgues; tout cela est renfermé dans un espace de vingt pieds de longueur sur douze de largeur.

Une autre porte, placée à l'occident du cloître, conduit dans l'intérieur du couvent. « Ce couvent, dit un pèlerin, dans sa description aussi exacte que naïve, ce couvent est fort irrégulier, bâti à l'antique et de plusieurs pièces rapportées, hautes et basses, les officines petites et dérobées, les chambres pauvres et obscures, plusieurs petites cours, deux petits jardins tenant aux remparts de la ville; vers la partie occidentale se trouvent quelques petits logements pour les pèlerins. »

Les chambres sont à deux ou trois lits; les meubles consistent en un lit d'hôpital avec des rideaux de serge verte, une table et un coffre, une cruche pleine d'eau et une lampe à l'italienne.

Les pèlerins sont servis à part et font la dépense qu'ils veulent. S'ils sont pauvres on les nourrit; s'ils sont riches ils payent ce qu'on achète pour eux : le couvent n'en retire pas une obole. Le logement, le lit, le linge, la lumière, le feu sont toujours pour rien et à titre d'hospitalité.

La première et dominante pensée du chrétien qui arrive à Jérusalem, est toujours de visiter le Saint-Sépulcre; et pourrait-il en être autrement ? C'est donc par la description de ce monument unique sur la terre, que nous allons commencer.

L'église du Saint-Sépulcre se compose de trois églises : celle du Saint-Sépulcre, celle du Calvaire et celle de l'Invention de la sainte Croix.

L'église proprement dite du Saint-Sépulcre est bâtie dans la vallée du Calvaire, et sur le terrain où l'on sait que Jésus-Christ fut enseveli. Cette église forme une croix; la chapelle même du Saint-Sépulcre n'est en effet que la grande nef de l'édifice : elle est circulaire comme le Panthéon à Rome, et ne reçoit le jour que par un dôme au-dessous duquel se trouve le Saint-Sépulcre. Seize colonnes de marbre ornent le pourtour de cette rotonde; elles soutiennent, en décrivant dix-sept arcades, une galerie supérieure également composée de seize colonnes et de dix-sept arcades plus petites que celles qui les supportent. Des niches, qui correspondent aux arcades, s'élèvent au-dessus de la frise de la dernière galerie, et le dôme prend sa naissance sur l'arc de ces niches. Celles-ci étaient autrefois décorées de mosaïques représentant les douze apôtres, sainte Hélène, l'empereur Constantin et trois autres portraits inconnus.

Le chœur de l'église du Saint-Sépulcre est à l'orient de la nef du tombeau : il est double comme dans les anciennes basiliques, c'est-à-dire qu'il a d'abord une enceinte avec des stalles pour les prêtres, ensuite un sanctuaire reculé et élevé de deux degrés au-dessus du premier. Autour de ce double sanctuaire règnent les ailes du chœur, et dans ces ailes sont placées diverses chapelles dont nous parlerons plus loin.

C'est aussi dans l'aile droite, derrière le chœur, que s'ouvrent les deux escaliers qui conduisent l'un à l'église du Calvaire, l'autre à l'église de l'Invention de la sainte Croix. Ainsi donc, l'église du Saint-Sépulcre est bâtie au pied du Calvaire : elle touche, par sa partie orientale, à ce monticule sous lequel et sur lequel on a bâti deux autres églises qui tiennent par des murailles et des escaliers voûtés au principal monument.

L'architecture de l'église est évidemment du siècle de Constantin : l'ordre corinthien domine partout. Les piliers sont lourds et maigres, et leur diamètre est presque toujours sans proportion avec leur hauteur ; quelques colonnes accouplées, qui portent la frise du chœur, sont toutefois d'un assez bon style. L'église étant haute et développée, les corniches se profilent à l'œil avec assez de grandeur ; mais comme depuis environ un siècle on a surbaissé l'arcade qui sépare le chœur de la nef, le rayon horizontal est brisé et l'on ne jouit plus de l'ensemble de la voûte.

L'église n'a point de péristyle, on entre par deux portes latérales ; ainsi, le monument ne paraît pas avoir eu de décorations extérieures : il est masqué d'ailleurs par les masures et par les couvents grecs qui sont accolés aux murailles.

Le petit monument de marbre qui couvre le Saint-Sépulcre, a la forme d'un catafalque orné d'arceaux demi gothiques engagés dans les côtés pleins de ce catafalque : il s'élève élégamment sous le dôme qui l'éclaire, mais il est gâté par une chapelle massive que les Arméniens ont obtenu la permission de bâtir à l'une de ses extrémités. L'intérieur du catafalque offre un tombeau de marbre blanc fort simple, appuyé d'un côté au mur du monument, et servant d'autel aux religieux catholiques : c'est le *divin tombeau*.

Avant de passer à la description particulière de cet édifice à jamais révéré, il convient de raconter le triste événement qui manqua le rendre la proie des flammes; le récit du terrible incendie du 12 octobre 1808 a été écrit par un témoin oculaire, et quelque extraordinaire que paraissent plusieurs des faits qu'il contient, l'authenticité en a été constatée par le père Géramb qui, dans son séjour à Jérusalem, a pu entretenir des témoins de l'événement dont les souvenirs n'étaient nullement effacés.

« Dans la nuit du 11 au 12 octobre 1808, vers les trois heures du matin, le feu commença à se manifester dans la chapelle des Arméniens, située sur la terrasse de la grande église du Saint-Sépulcre. L'aide-sacristain des religieux de Saint-François, qui allait visiter les lampes et les chapelles du Calvaire, fut le premier à s'en apercevoir, et comme il n'y avait là qu'un pauvre prêtre arménien, vieillard, dont la vue du feu avait comme altéré la raison, il courut aussitôt chercher des secours, mais la rapidité de la flamme les rendit inutiles. Lorsqu'on arriva, il avait déjà embrasé la chapelle des Arméniens, même leur habitation, ainsi que celle des Grecs, dont une partie était construite en bois sec et peinte à l'huile. Les Pères Franciscains, après l'office de minuit, étaient allés se reposer; réveillés par un bruit étrange qu'ils entendent dans l'église, ils se lèvent à la hâte; quelle est leur épouvante! malgré mille dangers ils volent au feu..... La porte est fermée, et ce qui met le comble à leur désespoir, c'est que peu d'instants après les flammes menacent une partie du grand temple construite avec d'énormes poutres, couverte de plomb et élevée perpendiculairement sur le monument dans lequel se trouve le Saint-Sépulcre. Ces poutres avaient été amenées à grands frais du mont Liban au commencement du siècle passé, lorsque les princes chrétiens firent élever le dôme, véritable chef-d'œuvre par sa hauteur et la hardiesse de sa construction.

« Les Pères Franciscains, privés des instruments nécessaires, tâchent de passer par une petite fenêtre pour aller avertir le monastère de Saint-Sauveur et les officiers turcs. Dans l'intervalle, de jeunes Arabes catholiques s'élancent du dehors à l'intérieur, et bravent les flammes pour sauver, s'il se peut, quelques objets ; mais en ce moment le feu gagne le dôme, les autels de la Sainte-Vierge et l'orgue : l'église ressemble à une fournaise. Bientôt les pilastres s'écroulent, et avec eux les arcades et les colonnes qui entourent le Saint-Sépulcre ; il est inondé d'une pluie de plomb, le feu est tel que les plus grosses colonnes se fendent ; il en est de même du pavé et du marbre qui recouvre le monument. Enfin entre cinq et six heures le grand dôme tombe avec un bruit épouvantable, entraîne toutes les grosses colonnes et les pilastres qui soutiennent encore la galerie des Grecs, ainsi que les habitations des Turcs près du dôme. Le très-saint Sépulcre se trouve enseveli sur une montagne de feu qui semble devoir l'anéantir à jamais : l'église offre le spectacle d'un volcan en fureur.

« Après le récit de cette grande infortune, je suis heureux de pouvoir consoler votre piété en vous racontant les merveilles de l'assistance divine en faveur des religieux de Saint-François.

« Le feu ayant atteint la porte de bois qui sépare l'autel de Marie-Madeleine de la chapelle du chœur de la grande église, a respecté la sacristie et tous les objets qu'elle contient ; rien n'a souffert, et le petit monastère de ces vénérables Pères, les cellules qu'il renferme non plus que la chapelle, n'ont pas reçu la moindre atteinte.

« Aucun marbre de l'endroit où Jésus-Christ après sa résurrection apparut à Marie-Madeleine, n'a été endommagé, quoique le feu fût très-actif de ce côté, qu'il eût brûlé l'orgue, brisé et calciné le marbre qui l'entourait.

« Celle des chapelles du Saint-Sépulcre, qui est desservie par les Franciscains, quoique placée sous le dôme et par conséquent au centre du feu et ensevelie dans les flammes, n'a point eu de dommage dans son intérieur; on a retrouvé les soieries qui l'ornaient et même les cordons des lampes; le tableau sur toile de la Résurrection qui ferme le très-saint Sépulcre était intact.

« La chapelle de l'Ange, qui est à l'entrée du Saint-Sépulcre, n'a eu de brûlé que la moitié des velours qui lui servaient d'ornement, les murs et le pavé ont été respectés.

« A la chapelle du Calvaire on a pu sauver intacte la statue de la très-sainte Vierge.

« L'endroit où Notre-Seigneur fut crucifié appartient aux catholiques; il a été peu endommagé; on ne peut en dire autant de celui où fut élevée la croix et dont les Grecs sont en possession; ce qu'il y a de plus remarquable, c'est que malgré le vent violent qui soufflait, malgré le voisinage d'une fenêtre qui pouvait favoriser les ravages de l'incendie, la chapelle contiguë au dehors de Notre-Dame-des-Douleurs n'a eu aucun mal.

« A six heures, la violence du feu commença à se calmer, et à neuf il n'était plus dangereux. Le jour suivant, lorsqu'on put enlever les décombres, on s'aperçut avec un nouvel étonnement que la pierre qui couvre celle de l'Onction n'avait pas souffert.

« Tel est, ajoute le Père Géramb, le désastre dont le seul récit en des temps meilleurs eût jeté la consternation dans le monde chrétien.

« Le lendemain, comme de coutume, les Pères de Saint-François allèrent au Saint-Sépulcre, dire leur chapelet que les sanglots ne leur permirent pas d'achever. Le 14, ils y célébrèrent le saint sacrifice de la messe. Malgré les ruines dont ils étaient entourés, ils n'interrompirent en rien leurs offices, leurs processions accoutumées; ils marchaient sur des décombres, et n'en chantaient pas moins les miséricordes du Seigneur. »

L'église du Saint-Sépulcre a été rebâtie; mais comme la pauvreté des religieux catholiques est extrême, et qu'ils n'ont reçu pour cette destination aucune somme proportionnée à la grandeur de l'entreprise, ils ont été forcés d'en laisser l'honneur aux Grecs et aux Arméniens, qui, étant fort riches, ont pu l'exécuter à leurs frais; on prétend qu'ils y ont dépensé plus de cinq millions de francs.

L'impossibilité où se sont trouvés les latins d'avoir la principale part dans la reconstruction de l'église, leur a causé le préjudice le plus capable d'affliger un cœur catholique. Seuls possesseurs autrefois de la plus grande partie des lieux saints, ils se sont vus obligés de partager avec des étrangers ce trésor inestimable dont ils avaient été si longtemps seuls maîtres, et que seuls ils avaient défendu contre les Turcs au prix de leur sang et de leur vie. « Maintenant que Jérusalem est oubliée de l'Europe, s'écrie M. Poujoulat, l'église du Saint-Sépulcre appartient au plus offrant. Les chrétiens les plus riches auront beau jeu, et voilà pourquoi le temps n'est pas loin où les Arméniens seront les dominateurs absolus des lieux saints. »

Actuellement nous allons avec le Père Géramb décrire en détail l'intérieur de l'église du Saint-Sépulcre, et nous assisterons avec ce pieux pèlerin sexagénaire aux cérémonies de la semaine sainte. Nous le citons en l'abrégeant quelquefois.

« L'église du Saint-Sépulcre est certainement ce qu'il y a sur la terre de plus auguste et de plus sacré. Le chrétien qui s'en approche, surtout pour la première fois, sans se sentir ému, est un être insensible, un être à part. Je croirais même qu'il n'en a jamais existé de tel, s'il n'était trop certain qu'on a vu des voyageurs appartenant au christianisme, du moins par le baptême, se faire une gloire impie d'entrer dans ces lieux redoutables avec une légèreté pleine d'insolence, promenant çà et là un regard mêlé de curiosité et de dérision, mesurant d'un œil hardi ce que la foule pieuse et recueillie osait à peine contempler, et ayant l'air d'être venus là comme des Juifs tout exprès pour renier solennellement la Rédemption, et dire en quelque sorte en face à Jésus-Christ: *Nous ne voulons pas que tu règnes sur nous!*

« L'obscurité qui règne dans l'enceinte de l'église frappe le pèlerin à l'instant même où il en franchit le seuil, et l'invite, le prépare en quelque façon aux grandes impressions qu'il va recevoir.

« Le premier objet qu'il a devant lui, c'est la pierre de l'*Onction* sur laquelle le corps de NotreSeigneur fut parfumé de myrrhe et d'aloès, avant d'être mis dans le tombeau. Elle n'est élevée au-dessus de la terre que de quelques pouces, elle a environ huit pieds de long sur deux de large. Comme quelques pèlerins se permettaient de la dégrader, on l'a recouverte d'un marbre rouge : un pommeau de cuivre doré en orne chacun des quatre coins ; dix lampes brûlent continuellement ; en dessus de chaque côté sont d'énormes candélabres avec des cierges de quinze à vingt pieds de haut ; ils appartiennent aux catholiques, aux Grecs et aux Arméniens à qui ce sanctuaire est commun, et qui chaque jour viennent successivement l'encenser.

« A droite de l'entrée de l'église et à douze pas de la pierre de l'*Onction* se trouve le *Calvaire*, il est à environ dix-huit ou vingt pieds au-dessus du niveau de la terre ; deux escaliers de vingt-une marches y conduisent de chaque côté. Le haut est maintenant changé en deux chapelles revêtues de marbre, séparées par une arcade, et dont le pavé est également de marbre. L'une d'elles porte spécialement le nom de *Chapelle-du-Calvaire*. Elle appartient aux Grecs, elle est constamment éclairée par un grand nombre de lampes. Ce fut là que fut dressée la sainte croix, la place est couverte par un autel sous lequel il faut se baisser pour l'apercevoir. Deux pierres rondes et noires indiquent l'endroit où furent plantées les croix des deux larrons. Ce deux croix n'étaient point placées sur la même ligne que celle du Sauveur ; elles formaient avec elle une espèce de triangle, en sorte que Jésus-Christ pouvait apercevoir les deux criminels crucifiés près de lui.

« Non loin du lieu où fut élevée la croix, on remarque une des pierres qui se fendirent quand le Christ expira, et le prodige est encore visible et frappant, il parle à tous les yeux : la fente du rocher est à découvert ; on la voit à travers un treillage d'argent.

« L'autre chapelle qui fait partie du Calvaire appartient aux latins, c'est l'endroit où la main sacrilége des bourreaux attacha notre Sauveur à la croix ; on y célèbre tous les jours les saints mystères. Devant l'autel sont incrustés, dans le pavé, des ornements en mosaïque de différentes couleurs, entre lesquelles domine le rouge, comme pour indiquer que ce fut la place que Notre-Seigneur rougit de son sang précieux. Ici encore une grande quantité de lampes brûlent sans cesse.

« A droite de l'autel est une fenêtre grillée qui donne dans une chapelle extérieure, dédiée à *Notre-Dame-des-Douleurs*. Ce fut en cet endroit que la sainte Vierge se retira pendant les apprêts sanglants du supplice réservé à son Fils.

« En descendant du Calvaire, et tournant à droite, on arrive à une chapelle de quatre pas de long sur deux et demi de large, on y voit sous l'autel la *Colonne des injures*. Elle est de marbre gris tacheté de noir. Ce fut sur ce fragment de colonne que les Juifs firent asseoir Notre-Seigneur, lorsqu'ils le couronnèrent d'épines, qu'ils le frappèrent au visage après lui avoir bandé les yeux.

« Vingt-cinq pas plus loin, on descend par un escalier de trente marches à la chapelle de *Sainte-Hélène*, qui appartient aux Arméniens. Elle est vaste et surmontée d'une coupole que soutiennent quatre colonnes d'inégale grosseur. On voit à gauche le lieu où sainte Hélène était en prières pendant les fouilles qui se faisaient par son ordre pour découvrir la vraie croix. A droite et dans la même chapelle, mais douze marches plus bas, est un petit sanctuaire appartenant aux latins : c'est l'endroit où fut trouvé le signe auguste de la Rédemption.

« Par ordre d'Hélène, dont un Hébreu, habitant de Jérusalem, dirigea les recherches, les terres furent enlevées, les statues et le temple infâme abattus, et les matériaux transportés hors de la ville. En creusant plus profondément sur divers points, on arriva enfin au Saint-Sépulcre, et tout près de là, on découvrit trois croix enterrées ; à part étaient les trois clous dont avaient été percés les pieds et les mains du Sauveur, ainsi que l'inscription telle que la rapportent les évangélistes. Le ciel fit bien vite connaître par un miracle, quel était l'instrument de la Rédemption. D'après le conseil de Macaire, on appliqua chacune des croix sur le corps d'une dame malade à l'extrémité. L'attouchement des deux premières fut sans effet ; celui de la troisième la guérit à l'instant même. A ce prodige, la miséricorde divine en joignit un autre plus éclatant, raconté par saint Paulin et Sulpice-Sévère : appliquée à un cadavre, la vraie croix lui rendit la vie.

« Sainte Hélène se hâta d'envoyer une partie considérable de la croix à son fils, elle fit renfermer l'autre partie dans une châsse d'argent et en confia la garde à l'évêque de Jérusalem. L'usage ne tarda pas à s'introduire de l'exposer publiquement le vendredi saint à la vénération des fidèles. Ce jour-là, l'évêque, le premier, venait se prosterner devant elle ; après lui, le clergé et le peuple ; et c'est à cet usage que se rapporte la cérémonie qui se fait tous les ans, à pareil jour, dans toutes les églises catholiques.

« Sur la même ligne, mais dix pas plus loin que la chapelle de Sainte-Hélène, on en trouve une autre bâtie à l'endroit même où les soldats se partagèrent les vêtements de Jésus-Christ.

« Quarante pas au delà, en faisant un léger contour, on arrive au lieu où le Sauveur, sous l'apparence d'un jardinier, se montra à sainte Madeleine après sa résurrection. On y a érigé un autel.

« Vis-à-vis est la chapelle de l'Apparition. On la nomme ainsi, parce que, selon la tradition, ce fut là que le Sauveur apparut à sa sainte Mère pour la première fois après sa résurrection.

« En sortant de cette chapelle, on aperçoit une rotonde magnifique entourée de dix-huit gros pilastres qui soutiennent une galerie et un dôme majestueux. Au milieu, et sous le dôme, d'où part la lumière qui éclaire l'intérieur, s'élève un mausolée de marbre jaune et blanc, en forme de catafalque. C'est sous ce monument qu'est le sépulcre de Jésus-Christ.

« L'entrée est du côté de l'orient. Lorsqu'on a franchi la porte, on se trouve dans la chapelle de l'*Ange*, dont les murs à l'intérieur sont entièrement revêtus de marbre. Au milieu s'élève un piédestal qui porte une pierre de dix-huit pouces en carré, sur laquelle était assis l'ange, le jour de la résurrection, quand les saintes femmes vinrent embaumer le corps de Jésus.

« Vis-à-vis du piédestal, on voit une ouverture ou petite porte très-basse, et plus étroite encore, de laquelle vient une grande clarté. On ne peut y passer qu'en se baissant jusqu'à la moitié du corps. Elle conduit dans un cabinet d'environ six pieds de long sur autant de large, et haut de près de huit pieds, éclairé par quarante lampes dont la fumée s'échappe par trois trous pratiqués à la voûte.

« A la droite, on aperçoit une table de marbre qui a toute sa longueur et moitié de sa largeur. Ce cabinet est le Saint-Sépulcre ; cette table, la table sépulcrale sur laquelle fut mis le corps de Notre-Seigneur, la tête tournée vers l'occident et les pieds vers l'orient. Le tombeau et la table sont taillés dans le roc vif, et à la pointe du ciseau ; on les a recouverts de marbre pour les soustraire à l'indiscrétion des pèlerins, qui, quelquefois, se permettaient pieusement d'en détacher et d'en emporter des morceaux. Les Pères Franciscains, les Grecs, les Arméniens, célèbrent tous les jours la messe dans le Saint-Sépulcre, chacun à son tour, avec une grande exactitude et dans un ordre parfait. Les Cophtes officient derrière le monument, dans une chapelle de bois grossièrement faite ; tous, chaque jour, viennent plusieurs fois encenser les lieux saints avec pompe et solennité.

« Avant l'incendie de 1808, on voyait dans l'intérieur les monuments de Godefroy et de Baudoin, deux cercueils de pierre portés sur quatre petits piliers ; ils ont disparu. Les Grecs, qui ont rebâti l'église, n'ont pas pris soin de ces monuments précieux respectés par les flammes, et ont fait couvrir de plâtre les inscriptions qui indiquaient aux pèlerins la place où reposaient les valeureux champions de la croix.

« Dans les occasions solennelles, l'église est tendue de riches draperies, les vêtements des officiants sont blancs et ornés d'une broderie en or d'une grande beauté, c'est un don du Portugal. Sur l'autel sont deux candélabres de huit pieds de haut, en argent, avec des bas-reliefs d'un travail exquis. Ils ont été faits des débris d'une lampe d'une richesse et d'une beauté extraordinaires, qui en contenait trois cents autres plus petites. Malheureusement un si admirable chef-d'œuvre excita la jalousie des Grecs, qui coupèrent la chaîne à laquelle elle était suspendue devant le Saint-Sépulcre, ce qui en causa la ruine.

« Le devant de l'autel est d'argent massif, il représente la descente du Saint-Esprit; c'est un don des rois de Naples, ainsi que le baldaquin pour le Saint-Sacrement, qui est d'or massif et enrichi de pierreries. Charles III ôta de ses doigts un anneau d'un grand prix pour en orner le baldaquin. »

Le Père Géramb a passé à Jérusalem le carême de 1832, et a décrit les cérémonies auxquelles il a eu le bonheur inappréciable d'assister. Nous ne pouvions choisir un meilleur guide pour faire connaître en détail ces admirables scènes, cependant nous sommes forcé de ne pas donner sa relation entière, et de nous borner à citer ce qu'il rapporte des fêtes des trois derniers jours de la semaine sainte, et des émotions qu'il éprouva.

« Afin de graver plus profondément dans les esprits le souvenir de la passion et de la mort du Sauveur, et d'exciter plus profondément dans les cœurs les sentiments de componction, de reconnaissance et d'amour qu'elle doit produire, les Pères font, le vendredi saint de chaque année, une cérémonie tout à fait conforme au genre des Orientaux, et dont on ne trouve d'exemples que dans les missions d'Asie, qui, probablement, l'ont empruntée de ce qui se passe en Palestine.

« Au moyen d'une figure en relief de grandeur naturelle, dont la tête, les bras et les pieds sont flexibles, et se prêtent aux divers mouvements qu'on veut lui imprimer, ils représentent le crucifiement, la descente de croix et la sépulture de Jésus-Christ, de manière à en rendre sensibles et frappantes toutes les circonstances principales.

« Cette cérémonie, à la fois touchante et terrible, eut lieu sur le déclin du jour, au milieu d'une multitude immense d'hommes, de femmes et d'enfants.

« Les Pères, réunis dans la chapelle de la sainte Vierge, en sortirent vers six heures, ayant à leur tête celui d'entre eux qui, escorté des jeunes Arabes du monastère, portait le grand crucifix. Les religieux et les fidèles, marchant lentement sur deux files, un flambeau à la main, récitaient sur un ton aigu et plaintif, tantôt le *Miserere*, tantôt le *Stabat*.

« La procession s'arrêta d'abord à l'autel de la *Division des vêtements*, pour y entendre quelques paroles pleines d'onction que lui adressa un Père espagnol, sur la scène douloureuse de la passion qui rappelle cet endroit. Puis elle continua sa marche sans interruption vers le sommet du Golgotha.

« Là, le religieux qui portait le crucifix le déposa respectueusement au pied de l'autel, et le Père espagnol, revenant à son discours, poursuivit, en présence de la multitude attendrie et fondant en pleurs, le lamentable récit des souffrances et des ignominies du Sauveur jusqu'au moment où il fut mis en croix.

« En cet instant, il cessa de parler, et l'image de Jésus ayant été attachée avec des clous sur le bois, le crucifix fut élevé et posé à la place même où avait été enfoncée la véritable croix sur laquelle fut consommé le salut du genre humain. Le bon Père alors, d'une voix interrompue et presque étouffée par les gémissements, retraça les dernières paroles et les derniers moments de l'auguste victime. Mais il devenait de plus en plus difficile de l'entendre : la foule, déjà violemment remuée par ce qui avait précédé, n'était plus attentive à ce qu'elle voyait, et les paroles arrivaient à peine au milieu des cris, des sanglots, des soupirs et des larmes.

« Après un quart d'heure accordé à la douleur pour lui donner le temps de se soulager en s'exhalant, un des Pères, muni d'une tenaille et d'un marteau, monta à la hauteur de la croix, enleva la couronne d'épines, et tandis que des frères soutenaient le corps au moyen d'écharpes blanches passées autour des bras, il arracha les clous des mains et des pieds, et bientôt l'effigie du Christ fut descendue à peu près de la même manière qu'avait été descendu le Christ lui-même.

« Le célébrant et successivement tous les religieux s'avancèrent en silence, se prosternèrent et baisèrent avec respect la couronne et les clous, qui furent immédiatement présentés à la vénération de la multitude.

« Bientôt la procession se remit en marche dans le même ordre qu'elle avait suivi pour monter au Calvaire. La couronne et les clous étaient portés dans un bassin d'argent par un religieux, et l'effigie par quatre autres, de la même manière que l'on porte un mort au tombeau. On s'arrêta à la pierre de l'*Onction* pour imiter en cet endroit la pieuse action de Joseph d'Arimathie, de Nicodème et des saintes femmes. Toutes les choses nécessaires avaient été préparées, la pierre était recouverte d'un linge blanc très-fin ; sur les coins étaient des vases de parfums. Le corps, enveloppé d'un suaire, y fut déposé, la tête appuyée sur un coussin. Le célébrant l'arrosa d'essence, fit brûler des aromates, et, après avoir prié quelques instants en silence, exposa, dans une courte exhortation, le motif de cette station. De là on reprend le chemin de l'église : la sainte effigie fut placée sur le marbre du Saint-Sépulcre, et un dernier discours mit fin à cette cérémonie.

« Le lendemain, samedi saint, les Pères célébrèrent l'office avec solennité : la bénédiction du feu, celle des cierges, la lecture des prophéties, la bénédiction des fonts baptismaux, la messe et toutes les cérémonies qui l'accompagnent, diffèrent peu de ce qui se pratique dans nos églises d'Occident. Mais ce que je ne puis m'empêcher de signaler, c'est la pompe, la majesté du culte divin, c'est cette piété, cette modestie, cette grâce des bons Pères qui, dans tous les temps, et le samedi saint surtout, présente un contraste si frappant, si étrange avec le culte, le maintien, les manières des evêques et des prêtres grecs.

« A minuit, les Pères retournèrent à l'office.

« Je ne suis plus jeune, j'ai beaucoup voyagé, j'ai vu de belles choses dans ma vie ; mais je ne me souviens pas d'avoir été témoin d'un spectacle plus magnifique, plus imposant, que celui que m'offrit l'église du Saint-Sépulcre dans cette nuit du samedi au dimanche de Pâques. Imaginez un vaisseau d'une grandeur immense, illuminé dans toutes ses parties avec une grâce et une richesse extraordinaires, dix mille pèlerins parés de leurs plus beaux habits, un flambeau allumé à la main, des femmes et des enfants remplissant la vaste étendue des galeries, te-

nant également un flambeau, tous faisant à l'envi
retentir les voûtes sacrées du glorieux *Alleluia*, tandis que des évêques, couverts d'or et de pierreries,
précédés de thuriféraires qui parfument d'encens
leur passage, et suivis d'un nombre considérable de
prêtres en chapes blanches richement brodées d'or,
font processionnellement le tour du tombeau, avec ordre et selon le rang assigné à chaque nation, et chantent des hymnes et des cantiques en l'honneur de
celui qui, par sa résurrection, a triomphé de la mort;
imaginez, dis-je, un tel spectacle et calculez, si vous
le pouvez, l'impression qu'il doit produire dans l'âme
de quiconque l'a sous les yeux; il effaçait en moi
jusqu'au souvenir des scènes douloureuses qui m'avaient récemment attristé. *Alleluia! Alleluia!* m'écriai-je dans les transports d'une joie dont je ne pouvais modérer les élans. *Alleluia! Alleluia!* et je bénissais le Dieu des miséricordes d'avoir conduit mes
pas à Jérusalem, et de m'avoir accordé la faveur de
mêler mes cris d'allégresse aux cris des pieux chrétiens qui avaient le bonheur de célébrer la victoire
de son divin Fils, au lieu même où ce Fils avait
triomphé.

« A une nuit si douce, si consolante pour le cœur,
succéda la lumière du plus grand des jours, de ce
jour par excellence *que le Seigneur a fait*. J'assistai
aux divins offices, et j'y vis déployer tout ce qu'en
des temps meilleurs l'Europe chrétienne y envoya de
plus magnifique. Les tapisseries dont l'église était
décorée, les croix, les chandeliers, les lampes, les
ornements pontificaux, ceux des simples prêtres,
tout rappelait l'antique piété et les bienfaits des rois.
Un autel pompeusement chargé de tout ce qui pou-

vait rehausser l'éclat de cette fête, était dressé à la porte du Saint-Sépulcre. Ce fut là que le révérend Père gardien célébra pontificalement le saint sacrifice, et donna lui-même la communion aux nombreux fidèles et aux pèlerins qui, deux à deux et dans un recueillement parfait, allèrent se présenter à la sainte table, et il termina l'office par une solennelle bénédiction.

« Le soir, comme le matin, se passa dans la prière, dans une joie sainte, et la nuit était venue que l'église retentissait encore des hymnes, des cantiques et surtout du chant de gloire *Alleluia*. »

Suivons maintenant avec M. de Châteaubriad *la Voie douloureuse*; on appelle ainsi le chemin que parcourut le Sauveur du monde en se rendant de la maison de Pilate au Calvaire.

« La maison de Pilate est une ruine, d'où l'on découvre le vaste emplacement du temple de Salomon et la mosquée bâtie sur cet emplacement.

« Jésus-Christ ayant été battu de verges, couronné d'épines et revêtu d'une casaque de pourpre, fut présenté aux Juifs par Pilate : *Ecce Homo*, s'écria le juge, et l'on voit encore la fenêtre d'où il prononça ces paroles mémorables.

« Selon la tradition latine à Jérusalem, la couronne de Jésus-Christ fut prise sur le lyciet épineux, *lycium spinosum*. Mais le savant botaniste Hasselquist croit qu'on employa, pour cette couronne, le *nabka* des Arabes; la raison qu'il en donne mérite d'être rapportée.

« Il y a toute apparence, dit cet auteur, que le nabka fournit la couronne que l'on mit sur la tête de

Notre-Seigneur; il est commun dans l'Orient. On ne pouvait choisir une plante plus propre à cet usage, car elle est armée de piquants; ses branches sont souples et pliantes, et sa feuille est d'un vert foncé comme celle du lierre. Peut-être les ennemis de Jésus-Christ choisirent-ils, pour ajouter l'insulte au châtiment, une plante approchant de celle dont on se servait pour couronner les empereurs et les généraux d'armée.

« A cent vingt pas de l'arc de l'*Ecce Homo*, continue M. de Châteaubriand, on me montra, à gauche, les ruines d'une église consacrée autrefois à Notre-Dame-des-Douleurs; ce fut dans cet endroit que Marie, chassée d'abord par les gardes, rencontra son Fils chargé de la croix. Ce fait n'est point rapporté dans les saints Évangiles, mais il est cru généralement sur l'autorité de saint Boniface et de saint Anselme. Saint Boniface dit que la Vierge tomba comme demi-morte, et qu'elle ne put prononcer un seul mot; saint Anselme assure que le Christ la salua par ces mots : *Salve, Mater*. Comme on retrouve Marie au pied de la croix, ce récit des Pères n'a rien que de très-probable; la foi ne s'oppose point à ces traditions : elles montrent à quel point la merveilleuse et sublime histoire de la passion s'est gravée dans la mémoire des hommes. Dix-huit siècles écoulés, des révolutions éternelles, des ruines toujours croissantes n'ont pu effacer ou cacher la trace d'une mère qui vient pleurer sur son Fils.

« Cinquante pas plus loin nous trouvâmes l'endroit où Simon le Cyrénéen aida Jésus-Christ à porter sa croix.

« A cent dix pas de là on montre l'emplacement

de la maison de Véronique et le lieu où cette pieuse femme essuya le visage du Sauveur.

« Après avoir fait une centaine de pas, on trouve la porte judiciaire, c'était la porte par où sortaient les criminels qu'on exécutait sur le Golgotha.

« De la porte judiciaire au haut du Calvaire, on compte à peu près deux cents pas : là se termine la Voie douloureuse qui peut avoir en tout un mille de longueur; nous avons vu que le Calvaire est maintenant compris dans l'église du Saint-Sépulcre. Si ceux qui lisent la passion dans l'Évangile sont frappés d'une sainte tristesse et d'une admiration profonde, qu'est-ce donc que d'en suivre les scènes au pied de la montagne de Sion, à la vue du temple et dans les murs même de Jérusalem ? »

L'enceinte de la ville renferme quelques autres lieux de dévotion importants seulement par les traditions qui s'y rapportent.

La maison d'Anne le pontife, près la porte de David, au pied du mont Sion, en dedans du mur de la ville : les Arméniens possèdent l'église bâtie sur les ruines de cette maison.

Le lieu de l'apparition du Sauveur à Marie-Madeleine, Marie, mère de Jacques, et Marie Salomé, entre le château et la porte du mont Sion.

La maison de Simon le pharisien; Madeleine y confessa ses erreurs. C'est une église totalement ruinée.

Le monastère de sainte Anne, mère de la sainte Vierge, et la grotte de la conception immaculée sous l'église du monastère; ce monastère est converti en mosquée; sous les rois chrétiens, il était habité par des religieuses : il n'est pas loin de la maison de Simon.

La prison de saint Pierre près du Calvaire; ce sont de vieilles murailles où l'on montre des crampons de fer.

La maison de Zébédée, assez près de la prison de saint Pierre, grande église qui appartient au patriarche grec.

La maison de Marie, mère de Jean-Marc, où saint Pierre se retira lorsqu'il eut été délivré par l'ange; c'est une église desservie par les Syriens.

Le lieu du martyre de saint Jacques le Majeur; c'est le couvent des Arméniens. Ce couvent appartenait autrefois à l'ordre de Saint-François : c'est par là qu'a commencé cette série de spoliations qui ne se terminera qu'au départ du dernier de nos religieux latins. La chapelle du monastère arménien doit être regardée comme le plus riche et le plus éclatant sanctuaire de Jérusalem : les murs sont recouverts de carreaux de faïence avec des peintures bleues, et d'images coloriées représentant différentes scènes de l'Ancien Testament, et entourées d'inscriptions arméniennes. Tout cela n'est pas de bon goût, mais la chapelle offre une profusion d'ornements qui éblouit les yeux. A la voûte brillent des lampes en argent, des œufs d'aigles et d'autruches suspendus comme des étoiles au ciel. La chapelle a trois autels ornés de candélabres et de vases d'or et d'argent; des tapis persans couvrent un beau pavé de mosaïque. La plus brillante curiosité de l'église est, sans contredit, la petite chapelle de Saint-Jean, à peu de distance du maître-autel : la porte de ce sanctuaire en miniature se compose de pièces d'écailles de tortue et de nacre, mêlées à des ornements d'or; l'intérieur, revêtu de marbre blanc, offre des sculptures élégantes, des dorures, des peintures et des lampes d'argent. « J'ai assisté un soir, dit M. Poujoulat, à une cérémonie dans l'église arménienne si riche et si resplendissante : les lampes d'argent étaient allumées, de gros cierges de Venise brûlaient sur les candélabres d'or, et de chaque point des murs et du dôme partaient mille reflets d'une étincelante lumière ; c'était comme une illumination fantastique : l'or, le saphir, la topaze, les perles, les émeraudes, tous les diamants que le soleil jette dans le ciel quand il se lève ou se couche, semblaient, ce soir-là, flotter en gerbes ou en globes merveilleux dans le sanctuaire arménien. »

Le troisième monument remarquable de Jérusalem est la cité ou mosquée d'Omar, ou plutôt la réunion de deux mosquées qui ont été souvent confondues par les chroniqueurs et les voyageurs modernes. La réunion de ces édifices porte le nom d'El Haram, de même que la mosquée de la Mecque. Celle d'Omar, proprement dite El Aksa, représente, pour les chrétiens, l'ancien temple de Salomon : El Sakhra (la roche) est bâtie à l'endroit où vécut Marie depuis l'âge de trois ans jusqu'au temps de ses fiançailles avec Joseph, occupée du soin de servir le temple avec d'autres filles qui grandissaient comme elle à l'ombre des autels du Seigneur; là aussi demeura Anne la prophétesse, dont les jours se passaient en oraisons et en austérités; ce lieu était, à cette époque, une dépendance du temple de Salomon, comme aujourd'hui El Sakhra est une dépendance de la mosquée d'Omar. El Sakhra est ainsi appelée de la roche qu'elle renferme et sur laquelle, disent les musulmans, Mahomet laissa l'empreinte de son pied la nuit où il fut miraculeusement transporté de la Mecque à Jérusalem sur la jument El Borak.

Cette mosquée fut fondée en 640 par le calife Omar. Au moment où la ville sainte tomba au pouvoir des compagnons de Godefroy, les musulmans cherchèrent dans leur sanctuaire un refuge contre le glaive des chrétiens, parce qu'à cette époque tout le parvis qui environnait la mosquée était clos de murailles et de tours ; mais ces tours et les murailles ne purent défendre ceux qui s'étaient réfugiés à leur abri, et les guerriers francs en firent un affreux carnage. « Si nous racontons toute la vérité, s'écrie un de nos chroniqueurs, on ne voudra pas nous croire ; qu'il nous suffise de dire que dans le temple et le portique, les cavaliers étaient dans le sang jusqu'aux genoux, et que les flots de sang s'élevaient jusqu'à la bride des chevaux. »

Les vieux auteurs disent que la mosquée d'Omar renfermait alors de grandes richesses, et que Tancrède emporta du temple beaucoup d'or, d'argent et de pierreries, ce qui excita les plaintes et les murmures des croisés. La conversion de ce sanctuaire du prophète en église de Jésus-Christ, fut un des premiers actes de la conquête ; vers le milieu du douzième siècle, sous le pape Innocent II, un légat de Rome en célébra la dédicace solennelle. Lorsque Jérusalem retomba sous la puissance musulmane, en 1188, Saladin purifia le pavé, les murs et les lambris du temple avec de l'eau de rose.

Les Turcs interdisent aux chrétiens l'accès de cette mosquée : il ne s'agit rien moins que de la mort ou de l'apostasie pour celui qui transgresserait cet ordre ; il faut donc se contenter de l'aspect extérieur de ce monument, et encore le voyageur doit-il éviter d'être vu par les soupçonneux musulmans.

« Une magnifique plate-forme, dit M. de Lamartine, préparée sans doute par la nature, mais évidemment achevée par la main des hommes, était le piédestal sublime sur lequel s'élevait le temple de Salomon; elle porte aujourd'hui à son centre la mosquée d'Omar, édifice admirable d'architecture arabe. C'est un bloc de pierre et de marbre d'immenses dimensions à huit pans; chaque pan est orné de sept arcades plus rétrécies, terminées par un dôme gracieux, couvert en cuivre, autrefois doré. Les murs de la mosquée sont revêtus d'émail bleu; à droite et à gauche s'étendent de larges parvis, terminés par de légères colonnades mauresques, correspondant aux huits portes de la mosquée. De hauts cyprès, disséminés comme au hasard, quelques oliviers et des arbustes verts et gracieux, croissant çà et là, relèvent l'élégante architecture de la mosquée et la couleur éclatante de ses murailles, par la forme pyramidale et la sombre verdure qui se découpent sur la façade du temple et des dômes de la ville. »

L'Espagnol Badia, qui, sous le nom d'Ali-Bey [*] et avec le costume musulman, parcourut une partie de l'Afrique et de l'Asie, a pénétré sans difficulté dans la

---

[*] A propos de cet Ali-Bey, M. de Châteaubriand raconte cette anecdote assez plaisante arrivée à Alexandrie. « Un riche Turc, dit-il, voyageur et astronome, nommé *Ali-Bey-el-Abassy*, ayant entendu prononcer mon nom, prétendit connaître mes ouvrages. J'allai lui faire une visite avec le consul. Aussitôt qu'il m'aperçut, il s'écria : *Ah, mon cher Atala et ma chère René!* Ali-Bey me parut digne, dans le moment, de descendre du grand Saladin. Je suis même encore un peu persuadé que c'est le Turc le plus savant et le plus poli qui soit au monde, quoiqu'il ne connaisse pas bien le genre des noms en français. » L'illustre écrivain, dans une note ajoutée à sa troisième édition, dit : « Voilà ce que c'est que la gloire, on m'a appris que cet Ali-Bey était Espagnol de naissance. Belle leçon pour ma vanité! »

mosquée ; c'est, selon lui, moins une mosquée qu'un groupe de mosquées. La principale, nommée *El Aksa*, est divisée en sept nefs, soutenues par des piliers et des colonnes d'un beau marbre brun ; la nef centrale, surmontée d'une coupole, a cent soixante-deux pieds de long sur trente-deux de large ; il y a, en face de la porte principale, une chaussée de deux cent quatre-vingt-quatre pieds de long, au milieu de laquelle on voit un beau bassin en marbre avec une fontaine en forme de coquille, qui anciennement versait de l'eau. A l'extrémité de cette chaussée, un superbe escalier conduit au Sakhra, qui est l'autre mosquée : elle prend son nom d'un rocher fort haut qui s'élève au centre de l'édifice. Celui-ci est de forme octogone, et chacun de ses côtés a en dehors soixante pieds de long ; son intérieur, décoré avec un goût exquis et avec la plus grande richesse, est constamment éclairé par plusieurs milliers de lampes. Au-dessous de la coupole, un espace entouré d'une haute grille en fer doré renferme la Roche sacrée, objet de la vénération des musulmans.

« J'aurais voulu, remarque M. Poujoulat, que le voyageur nous eût fait connaître les curiosités de l'intérieur de cette mosquée, la description d'Ali-Bey ne nous satisfait point sous ce rapport. Quant à moi, qui, subissant le sort des chrétiens, n'ai pu voir que de loin ce noble et brillant édifice de l'islamisme, je ne répèterai point ce que disent les rayas de Jérusalem touchant l'intérieur de la mosquée d'Omar ; si je parlais de ses sept mille lampes qui brûlent depuis le jeudi au coucher du soleil jusqu'au vendredi à midi, de ses ornements en or et en argent, de ses tapis, les plus beaux qui soient sortis des bazars d'Espahan, de ses splendeurs, de ses richesses de tout genre, je craindrais de faire un conte oriental ; nul doute que la mosquée d'Omar ne renferme des choses curieuses, et je donnerais tout, excepté mon noble titre de chrétien, pour la visiter ; mais je pense qu'on a mêlé à cela beaucoup de merveilleux, et qu'on a exagéré les curiosités et les trésors de la mosquée en raison des difficultés qui en défendent l'entrée aux voyageurs. »

Cette réflexion est précisément semblable à celle par laquelle le D. Richardson termine le récit de sa visite à la mosquée d'Omar, où il a eu la permission d'entrer, parce que, pendant son séjour à Jérusalem, il avait guéri le gouverneur malade ; plus tard, un autre Anglais, M. Robinson, a joui de la même faveur. « J'ai visité précédemment, dit ce dernier, toutes les mosquées d'Égypte, et ma curiosité a été pleinement satisfaite ; mais je dois avouer que la splendeur tant vantée de la mosquée d'Omar me semble infiniment exagérée, et qu'elle est d'un médiocre intérêt ; le plus grand plaisir que j'aie éprouvé en voyant son intérieur, a été le souvenir des grands événements qui se sont passés dans son enceinte et dont elle fut autrefois le théâtre. »

Jusqu'à la destruction de Jérusalem, le temple fut toujours le siége principal du culte judaïque ; néanmoins il y avait dans la ville, sous le nom de synagogues, de nombreux oratoires, où le peuple allait prier, entendre la lecture ou l'explication des livres saints et recevoir diverses instructions. Au temps de Jésus-Christ, suivant quelques écrivains, on comptait 450 synagogues ; aujourd'hui il n'en existe qu'une qui passe pour la plus célèbre de toutes celles qui sont répandues dans l'univers.

C'est un vaste édifice en bois, divisé en plusieurs réduits, dont les uns sont sans toits, les autres couverts; au milieu est un mauvais pupitre sur lequel, dans les cérémonies religieuses, on ouvre le livre de la loi, qui, en tout autre temps, demeure enfermé dans une armoire placée au fond, vis-à-vis de la porte du côté de l'orient. Les lampes et les bancs, par leur état de délabrement, sont tout à fait en harmonie avec le pitoyable état de l'ensemble.

Devant les armoires où sont renfermées les saintes Écritures, brûlent continuellement des lampes. Ces armoires sont nombreuses; on y conserve des Décalogues qui remontent à la plus haute antiquité, et il en est un qui est regardé comme le plus ancien de tous les exemplaires connus. Il s'y trouve aussi une grande quantité d'*Ancien Testament* complets.

La montagne de Sion est située partie dans l'enceinte des murs, partie hors de Jérusalem. « Je suppose, dit M. de Châteaubriand, que ce nom de Sion réveille dans la mémoire des lecteurs un grand souvenir; qu'ils sont curieux de connaître cette montagne si mystérieuse dans l'Écriture, si célèbre dans les cantiques de Salomon; cette montagne, objet des bénédictions ou des larmes des prophètes, et dont Racine a soupiré les malheurs.

« C'est un monticule d'un aspect jaunâtre et stérile, ouvert en forme de croissant du côté de Jérusalem, à peu près de la hauteur de Montmartre, mais plus arrondi au sommet. Ce sommet sacré est marqué par trois monuments ou plutôt par trois ruines : la maison de Caïphe, le Saint-Cénacle et le tombeau où le palais de David. Du haut de la montagne, vous voyez au midi la vallée de Ben-Hennon, par delà cette vallée le champ du Sang acheté des trente deniers de Judas, le mont du Mauvais-Conseil, les tombeaux des juges et tout le désert vers Hébron et Bethléem. Au nord, le mur de Jérusalem, qui passe sur la cime de Sion, vous empêche de voir la ville; celle-ci va toujours en s'inclinant vers la vallée de Josaphat.

« La maison de Caïphe est aujourd'hui une église desservie par les Arméniens; le tombeau de David est une petite salle voûtée, où l'on trouve trois sépulcres de pierres noirâtres. Le Saint-Cénacle est une mosquée et un hôpital turcs; c'étaient autrefois une église et un monastère occupés par les Pères de la Terre-Sainte. Ce dernier sanctuaire est également fameux dans l'Ancien et dans le Nouveau Testament: David y bâtit son palais et son tombeau; il y garda pendant trois mois l'Arche d'alliance; Jésus-Christ y fit la dernière Pâque, et y institua le sacrement d'Eucharistie; il y apparut à ses disciples le jour de sa résurrection; le Saint-Esprit y descendit sur les apôtres. Le Saint-Cénacle devint le premier temple chrétien que le monde ait vu; saint Jacques le Mineur y fut consacré le premier évêque de Jérusalem, et saint Pierre y tint le premier concile de l'Église; enfin, ce fut de ce lieu que les apôtres partirent, pauvres et nus, pour monter sur tous les trônes de la terre; *docete omnes gentes!* »

L'historien Josèphe a laissé une description magnifique du palais et du tombeau de David. Benjamin de Tudèle fait au sujet de ce tombeau un conte assez curieux. « Toute l'étendue de Jérusalem, dit-il, est environnée de hautes montagnes; mais c'est sur celle de Sion que doivent être les sépulcres de la famille de

David dont on ignore le lieu. En effet, il y a quinze ans (Benjamin était en Judée en 1173) qu'un des murs du temple, que j'ai dit être sur la montagne de Sion, croula. Là-dessus, le patriarche donna ordre à un prêtre de le réparer des pierres qui se trouvaient dans les fondements de l'ancienne Sion. Pour cet effet, celui-ci fit marché avec environ vingt ouvriers, entre lesquels il se trouva deux hommes amis et de bonne intelligence. L'un d'eux mène un jour l'autre dans sa maison pour lui donner à déjeuner. Étant revenus après avoir mangé ensemble, l'inspecteur de l'ouvrage leur demanda pourquoi ils étaient venus si tard, auquel ils répondirent qu'ils compenseraient cette heure de travail par une autre. Pendant donc que le reste des ouvriers furent à dîner, et que ceux-ci faisaient le travail qu'ils avaient promis, ils levèrent une pierre qui bouchait l'ouverture d'un antre, et se dirent l'un à l'autre : « Voyons s'il n'y a pas là-dessous quelque trésor caché. » Après y être entrés, ils s'avancèrent jusqu'à un palais soutenu par des colonnes de marbre, et couvert de feuilles d'or et d'argent. Au-devant, il y avait une table avec un sceptre et une couronne dessus : c'était là le sépulcre de David, roi d'Israël ; celui de Salomon, avec les mêmes ornements, était à la gauche, aussi bien que plusieurs autres rois de Juda de la famille de David qui avaient été enterrés en ce lieu. Il s'y trouva aussi des coffres fermés, mais on ignore ce qu'ils contenaient. Les deux ouvriers ayant voulu pénétrer dans ce palais, il s'éleva un tourbillon de vent qui, entrant par l'ouverture de l'antre, les renversa par terre où ils demeurèrent, comme s'ils eussent été morts, jusqu'au soir. Un autre souffle de vent les réveilla, et ils entendirent une voix semblable à celle d'un homme, qui leur dit : « *Levez-vous et sortez de ce lieu.* » La frayeur dont ils étaient saisis les fit retirer en diligence, et ils rapportèrent ce qui leur était arrivé au patriarche, qui le leur fit répéter en présence d'Abraham de Constantinople, surnommé le Pieux, qui demeurait alors à Jérusalem. Il l'avait envoyé chercher pour lui demander quel était son sentiment là-dessus ; à quoi il répondit que c'était le lieu de la sépulture de la maison de David, destiné pour les rois de Juda. Le lendemain, on trouva ces deux hommes couchés dans leurs lits et fort malades de la peur qu'ils avaient eue. Ils refusèrent de retourner dans le même lieu, à quelque prix que ce fût, assurant qu'il n'était permis à aucun mortel de pénétrer dans un lieu dont Dieu défendait l'entrée ; de sorte que cet antre a été bouché par le commandement du patriarche, et la vue en a été cachée jusqu'aujourd'hui. »

En descendant de la montagne de Sion du côté du levant, on arrive à la vallée, à la fontaine et à la piscine de Siloë. La fontaine sort d'un rocher ; elle coule en silence, elle a une espèce de flux et de reflux, tantôt versant ses eaux, tantôt les retenant et les laissant à peine couler. Les lévites répandaient l'eau de Siloë sur l'autel à la fête des Tabernacles.

Milton, au commencement de son poëme immortel, invoque cette source dans de beaux vers magnifiquement traduits par Delille.

Toi donc qui, célébrant les merveilles des cieux,
Prends loin de l'Hélicon un vol audacieux,
Soit que, te retenant sous ses palmiers antiques,
Sion, avec plaisir, répète tes cantiques ;
. . . .

Soit que, chantant le jour où Dieu donna sa loi,
Le Sina sous tes pieds tressaille encor d'effroi ;
Soit que près du saint lieu d'où partent ses oracles
Les flots du Siloë te disent ses miracles,
Muse sainte, soutiens mon vol présomptueux !

La piscine est revêtue de pierres au-devant de l'entrée ; on y descend par un escalier d'une vingtaine de degrés, taillés grossièrement dans le roc ; autrefois, elle était très-ornée ; comme autrefois, elle sert encore aujourd'hui à laver le linge ; l'eau de la fontaine est saumâtre et assez désagréable au goût. Tous les chrétiens qui la visitent s'y baignent les yeux en mémoire du miracle opéré par le Sauveur : ce fut là qu'il envoya l'aveugle qu'il venait de guérir avec un peu de boue.

Près de là, on montre l'endroit où le prophète Isaïe fut scié en deux par ordre de Manassès. On y voit aussi le village de *Siloan*, au pied duquel est une autre fontaine que l'Écriture nomme *Rogel :* en face de cette fontaine, au pied de la montagne de Sion, se trouve une troisième fontaine qui porte le nom de *Marie*. On croit que la Vierge y venait chercher de l'eau.

« Ici, dit M. Châteaubriand, on est à la racine du mont Moria, sous les murs du temple. Nous avançâmes jusqu'à l'angle oriental du mur de la ville, et nous entrâmes dans la vallée de Josaphat ; elle court du nord au midi, entre la montagne des Oliviers et le mont Moria. Le torrent de *Cédron* passe au milieu. Ce torrent est à sec une partie de l'année ; dans les orages ou dans les printemps pluvieux, il roule une eau rougie.

« La vallée de Josaphat est encore appelée dans

l'Écriture, *Vallée de Savé, Vallée du Roi, Vallée de Melchisédech.* Ce fut dans cette vallée que le roi de Sodome chercha Abraham pour le féliciter de sa victoire remportée sur les cinq rois. Elle prit dans la suite le nom de *Jôsaphat,* parce que le roi de ce nom y fit élever son tombeau. La vallée de Josaphat semble avoir toujours servi de cimetière à Jérusalem ; on y rencontre les monuments des siècles les plus reculés et des temps les plus modernes : les Juifs viennent y mourir des quatre parties du monde ; un étranger leur vend au poids de l'or un peu de terre pour couvrir leurs corps dans le champ de leurs aïeux. Les cèdres dont Salomon planta cette vallée, l'ombre du temple dont elle était couverte, le torrent qui la traversait, les cantiques de deuil que David y composa, les lamentations que Jérémie y fit entendre, la rendaient propre à la tristesse et à la paix des tombeaux. En commençant sa passion dans ce lieu solitaire, Jésus-Christ le consacra de nouveau aux douleurs ; ce David innocent y versa, pour effacer nos crimes, les larmes que le David coupable y répandit pour y expier ses propres erreurs. Il y a peu de noms qui réveillent dans l'imagination des pensées plus touchantes et plus formidables que celui de la vallée de Josaphat ; vallée si pleine de mystères, que, selon le prophète Joël, tous les hommes y doivent comparaître un jour devant le juge redoutable : *Congregabo omnes gentes, et deducam eas in vallem Josaphat, et disceptabo cum eis ibi.* « Il est vraisemblable, dit le Père Nau, que l'honneur de Jésus-Christ soit réparé publiquement dans le lieu où il lui a été ravi par tant d'opprobres et d'ignominies, et qu'il juge justement les hommes où ils l'ont jugé si injustement. »

« L'aspect de la vallée de Josaphat est désolé ; le côté occidental est une haute falaise de craie qui soutient les murs gothiques de la ville, au-dessus desquels on aperçoit Jérusalem ; le côté oriental est formé par le mont des Oliviers et par la montagne du Scandale, *mons Offensionis*, ainsi nommée de l'idolâtrie de Salomon. Ces deux montagnes qui se touchent sont presque nues et d'une couleur rouge et sombre : sur leurs flancs déserts, on voit çà et là quelques vignes noires et brûlées, quelques bouquets d'oliviers sauvages, des friches couvertes d'hysope, des chapelles, des oratoires et des mosquées en ruines. Au fond de la vallée, on découvre un pont d'une seule arche, jeté sur le ravin du torrent de Cédron. Les pierres du cimetière des Juifs se montrent comme un amas de débris au pied de la montagne du Scandale, sous le village arabe de Siloan : on a peine à distinguer les masures de ce village des sépulcres dont elles sont environnées. Trois monuments antiques, les tombeaux de Zacham, de Josaphat et d'Absalon, se font remarquer dans le champ de destruction. A la tristesse de Jérusalem, dont il ne s'élève aucune fumée, dont il ne sort aucun bruit ; à la solitude des montagnes où l'on n'aperçoit pas un être vivant ; au désordre de toutes ces tombes fracassées, brisées, demi-ouvertes, on dirait que la trompette du jugement s'est déjà fait entendre, et que les morts vont se lever dans la vallée de Josaphat.

« Quand on a passé le pont du torrent de Cédron, on trouve au pied du *mons Offensionis*, le sépulcre d'Absalon. C'est une masse carrée, mesurant huit pas sur chaque face ; elle est formée d'une seule roche, laquelle roche a été taillée dans la montagne voisine, dont elle n'est séparée que de quinze pieds. L'ornement de ce sépulcre consiste en vingt-quatre colonnes d'ordre dorique sans cannelure, six sur chaque front du monument. Ces colonnes sont à demi engagées et forment partie intégrante du bloc, ayant été prises dans l'épaisseur de la masse. Sur les chapiteaux règne la frise avec le triglyphe. Au-dessus de cette frise, s'élève un socle qui porte une pyramidique triangulaire, trop élevée pour la hauteur totale du tombeau. Cette pyramide est d'un autre morceau que le corps du monument. »

« Rien ne m'a paru étrange, c'est M. Poujoulat qui parle, comme de voir l'architecture grecque dans la vallée de Josaphat ; il me semblait que le génie des arts et les images de la Grèce n'avaient jamais dû passer par cette vallée de mort et d'épouvante ; il faut dire aussi que l'inspiration grecque n'est venue ici que pour y laisser trois tombeaux. « Je n'ai point de fils, avait dit un jour Absalon, je veux m'élever un monument funèbre qui fasse vivre ma mémoire. » Et ce prince fit construire le monument qui porte encore son nom ; mais Absalon rebelle n'eut pour demeure dernière qu'une fosse recouverte d'un monceau de pierres, dans une forêt d'au delà du Jourdain; l'usurpateur passager du trône paternel, pour première punition de son crime, ne put jouir de son sépulcre. »

Le sépulcre de Zacharie ressemble beaucoup à celui-ci ; il est taillé dans le roc de la même manière, et se termine en pointe un peu recourbée, comme le bonnet phrygien ou comme un monument chinois. Le sépulcre de Josaphat est une grotte dont la porte, d'un assez bon goût, fait le principal ornement. Enfin le sépulcre où se cacha l'apôtre saint Jacques, présente sur la vallée de Siloë un portique agréable. Les quatre colonnes qui composent ce portique ne posent point sur le sol, mais elles sont placées à une certaine hauteur dans le rocher.

En rentrant en ville par la porte Saint-Étienne, on voit la piscine probatique, seul reste de l'architecture primitive des Juifs à Jérusalem. Elle bornait le temple au septentrion. C'est un réservoir long de cent cinquante pieds et large de quarante. L'excavation de ce réservoir est soutenue par des murs, et ces murs sont ainsi composés : un lit de grosses pierres jointes ensemble par des crampons de fer ; une maçonnerie mêlée, appliquée sur ces grosses pierres, une couche de cailloutage collée sur la maçonnerie ; un enduit répandu sur ce cailloutage. Les quatre lits sont perpendiculaires au sol, et non pas horizontaux : l'enduit était du côté de l'eau, et les pierres s'appuyaient et s'appuient encore contre terre.

Cette piscine est maintenant desséchée et à demi comblée ; il y croît quelques grenadiers et une espèce de tamarin sauvage ; l'angle de l'ouest est tout rempli de nopals. On remarque aussi dans le côté occidental deux arcades qui donnent naissance à deux voûtes : c'était peut-être un aqueduc qui conduisait l'eau dans l'enceinte du temple. L'Évangile nomme cette piscine *Probatique*, parce qu'on y purifiait les brebis destinées aux sacrifices. Ce fut au bord de cette piscine que Jésus-Christ dit au paralytique : « Levez-vous et emportez votre lit. »

Voilà tout ce qui reste aujourd'hui de la Jérusalem de David et de Salomon.

Le citadelle appelée par les chrétiens le *Château ou la Tour des Pisans* est bâtie sur les ruines de l'ancien château de David; on ne permettait autrefois à personne de la visiter, aujourd'hui on y entre pour quelques piastres. Elle n'offre rien de remarquable, c'est une forteresse gothique avec des cours intérieures, des fossés, des chemins couverts, etc.

Les murs de Jérusalem présentent quatre faces aux quatre vents; ils forment un carré long, dont le grand côté court d'orient en occident. L'ancienne ville n'était pas beaucoup plus vaste que la moderne, elle occupait presque le même emplacement, si ce n'est qu'elle enfermait toute la montagne de Sion et qu'elle laissait dehors le Calvaire.

Le mur d'enceinte qui existe est l'ouvrage de Soliman, fils de Sélim (1534), comme le prouvent les inscriptions turques placées dans le mur. Les murailles flanquées de tours carrées, peuvent avoir à la plate-forme des bastions une trentaine de pieds de largeur, et cent vingt pieds d'élévation, elles n'ont d'autres fossés que les vallées qui environnent la ville, au reste elles sont peu fortes et ne tiendraient pas un jour contre une batterie de six canons.

Au moment de quitter Jérusalem, M. de Châteaubriand jeta un dernier regard sur cette ville extraordinaire, et voici les magnifiques pages sorties de sa plume magique :

« Vue de la montagne des Oliviers, de l'autre côté de la vallée de Josaphat, Jérusalem présente un plan incliné sur un sol qui descend du couchant au levant; une muraille crénelée, fortifiée par des tours et par un château gothique, enferme la ville dans son entier, laissant toutefois au dehors une partie de la montagne de Sion, qu'elle embrassait autrefois.

« Dans la région du couchant et au centre de la ville, vers le Calvaire, les maisons se serrent d'assez près, mais au levant, le long de la vallée de Cédron, on aperçoit des espaces vides, entre autre l'enceinte qui règne autour de la mosquée bâtie sur les débris du temple.

« Les maisons de Jérusalem sont de lourdes masses carrées, fort basses, sans cheminées et sans fenêtres, elles se terminent en terrasses aplaties ou en dômes, et elles ressemblent à des prisons ou à des sépulcres. Tout serait à l'œil d'un niveau égal, si les clochers des églises, les minarets des mosquées, les cimes de quelques cyprès et les buissons de nopals ne rompaient l'uniformité du plan. A la vue de ces maisons de pierre, renfermées dans un paysage de pierre, on se demande si ce ne sont pas là les monuments confus d'un cimetière au milieu d'un désert.

« Entrez dans la ville, rien ne vous consolera de sa tristesse extérieure : vous vous égarerez dans de petites rues non pavées, qui montent et descendent sur un sol inégal, et vous marcherez dans des flots de poussière et parmi des cailloux roulants. Des toiles jetées d'une maison à l'autre augmentent l'obscurité de ce labyrinthe ; des bazars voûtés et infects achèvent d'ôter la lumière à la ville désolée ; quelques chétives boutiques n'étalent aux yeux que la misère, et souvent les boutiques mêmes sont fermées dans la crainte du passage d'un cadi. Personne dans les rues, personne aux portes de la ville ; quelquefois seulement un paysan se glisse dans l'ombre, cachant sous ses habits les fruits de son labeur dans la crainte d'être dépouillé par le soldat ; dans un coin à l'écart, le boucher arabe égorge quelque bête suspendue par les pieds à un mur en ruine : à l'air hagard et féroce de cet homme, à ses bras ensanglantés, vous croiriez qu'il vient plutôt de tuer son semblable que d'immoler un agneau. Pour tout bruit, dans la cité déicide, on entend par intervalles le galop de la cavale du désert : c'est le janissaire qui apporte la tête du Bédouin, ou qui va piller le Fellah.

« Au milieu de cette désolation extraordinaire, il faut s'arrêter un moment pour contempler des choses plus extraordinaires encore. Parmi les ruines de Jérusalem, deux espèces de peuples indépendants trouvent dans leur foi de quoi surmonter tant d'horreurs et de misères. Là vivent des religieux chrétiens, que rien ne peut forcer à abandonner le tombeau de Jésus-Christ, ni spoliations, ni mauvais traitements, ni menaces de la mort. Leurs cantiques retentissent nuit et jour autour du Saint-Sépulcre. Dépouillés le matin par un gouverneur turc, le soir les retrouve au pied du Calvaire priant au lieu où Jésus-Christ souffrit pour le salut des hommes. Leur front est serein, leur bouche est riante, ils reçoivent l'étranger avec joie. Sans forces et sans soldats, ils protègent des villages entiers contre l'iniquité. Pressés par le bâton et par le sabre, les femmes, les enfants, les troupeaux se réfugient dans les cloîtres de ces solitaires. Qui empêche le méchant armé de poursuivre sa proie et de renverser d'aussi faibles remparts ? la charité des moines ; ils se privent des dernières ressources de la vie pour racheter leurs suppliants. Turcs, Arabes, Grecs, chrétiens, schismatiques, tous se jettent sous la protection de quelques pauvres religieux, qui ne peuvent se défendre eux-mêmes. C'est ici qu'il faut reconnaître avec Bossuet, que des mains levées vers le ciel enfoncent plus de bataillons que des mains armées de javelots.

« Tandis que la nouvelle Jérusalem sort ainsi *du désert, brillante de clarté*, jetez les yeux entre la montagne de Sion et le temple, voyez cet autre petit peuple qui vit séparé du reste des habitants de la cité. Objet particulier de tous les mépris, il baisse la tête sans se plaindre, il souffre toutes les avanies sans demander justice; il se laisse accabler de coups sans soupirer; on lui demande sa tête, il la présente au cimeterre. Si quelque membre de cette société proscrite vient à mourir, son compagnon ira, pendant la nuit, l'enterrer furtivement dans la vallée de Josaphat, à l'ombre du temple de Salomon. Pénétrez dans la demeure de ce peuple, vous le trouverez dans une affreuse misère, faisant lire un livre mystérieux à des enfants qui, à leur tour, le feront lire à leurs enfants. Ce qu'il faisait il y a cinq mille ans, le peuple le fait encore. Il a assisté dix-sept fois à la ruine de Jérusalem, et rien ne peut le décourager, rien ne peut l'empêcher de tourner ses regards vers Sion. Quand on voit les Juifs dispersés sur la terre, selon la parole de Dieu, on est surpris sans doute; mais pour être frappé d'un étonnement surnaturel, il faut les retrouver à Jérusalem; il faut voir les légitimes maîtres de la Judée, esclaves et étrangers dans leur propre pays; il faut les voir attendant, sous toutes les oppressions, un roi qui doit les délivrer. Écrasés par la croix qui les condamne, et qui est plantée sur leurs têtes, cachés près du temple, dont il ne reste pas pierre sur pierre, ils demeurent dans leur déplorable aveuglement. Les Perses, les Grecs, les Romains ont disparu de la terre, et un petit peuple, dont l'origine précéda celle de ces grands peuples, existe encore sans mélange dans les décombres de sa patrie. Si quelque chose, parmi les nations, porte le caractère du miracle, nous pensons que ce caractère est ici. Et qu'y a-t-il de plus merveilleux, même aux yeux du philosophe, que cette rencontre de l'antique et de la nouvelle Jérusalem au pied du Calvaire : la première s'affligeant à l'aspect du sépulcre de Jésus-Christ ressuscité; le seconde se consolant auprès du seul tombeau qui n'aura rien à rendre à la fin des siècles ! » «

« La physionomie matérielle de la ville sainte, dit M. Poujoulat est unique et ne ressemble à rien. Presque toutes les cités de l'Orient, avec leurs grands cyprès, leurs minarets élancés, leurs dômes et leurs coupoles, produisent de loin l'effet du mirage du désert, et enchantent l'œil du voyageur. Jérusalem n'offre aucune de ces illusions de perspective; elle n'est belle à voir ni de loin ni de près ; ôtez quelques monuments et quelques tours, et vous aurez sous les yeux l'aspect le plus tristement uniforme qu'on puisse imaginer. Ce vaste amas de maisons de pierres dont les terrasses sont toutes surmontées d'un petit dôme, la couleur grisâtre de ces groupes monotones, leur morne caractère, autour de ces murailles qui semblent ne renfermer que des tombeaux, un sol rocailleux et désert ; au-dessus un ciel solitaire, des espaces que les oiseaux ne traversent point, tout cela forme un spectacle qui réunit ce que le deuil a de plus solennel, ce que la solitude a de plus austère. Si on entre dans Jérusalem, quelle tristesse! des rues étroites et sombres, de grands bazars ruinés où l'on aperçoit quelques marchands juifs, grecs et arméniens, d'humbles boutiques de tabac tenues par des musulmans; des khans délabrés où l'Arabe étranger se repose à côté de sa cavale; des quartiers abandonnés, beaucoup de maisons renversées, des terrains couverts de nopals, d'ordures et de décombres; des débris revêtus de lierre, des crevasses d'où s'élancent de petits palmiers, et à travers la cité le manteau rouge ou blanc du musulman, la robe noire du raya, et des voiles de femmes qui passent comme en fuyant; tel est l'intérieur de Jérusalem. Tout est calme, recueilli, sérieux dans la ville sainte. Point de joie, point de mouvement, point de bruit ; on dirait une vaste prison où les jours sont aussi silencieux que les nuits, ou plutôt on dirait une immense communauté religieuse perpétuellement en prière.

« Les différents quartiers de Jérusalem représentent comme autant de cités dans une même enceinte, séparées entre elles par des croyances, des mœurs ou des habitudes diverses. Les enfants d'Israël, qui, dans toutes les villes de l'Orient, n'ont reçu en partage que les endroits les plus tristes, ne sont pas mieux traités dans la ville de Salomon. Autour du *Harat-el-Youd* (quartier des Juifs) s'étend un long espace vide qu'on peut appeler la voirie de Jérusalem : au milieu des haies de nopals sont entassés des carcasses et des ossements de chevaux, d'ânes et de chiens, mêlés à des débris de vases de terre ; une exhalaison empestée s'échappe de cet amas de masses impures. Les corbeaux viennent par bandes chercher là leur pâture, et l'étranger qui passe à côté de ce champ de corruption se demande quel crime a commis ce peuple, pour avoir mérité d'habiter dans un lieu pareil. Il faut ajouter que de ce côté sont relégués les lépreux ; je les ai vus quelquefois assis à l'ombre sur de vieilles nattes déchirées ou sur la terre nue devant une grande cabane de pierres qui leur sert d'asile ; la charité n'adoucit point leurs douleurs, on se contente de placer auprès d'eux un peu de nourriture pour les empêcher de périr avant le temps ; ils sont abandonnés au mal qui les dévore, et tout le monde les fuit.

« Le nombre des Juifs s'élève à quatre mille environ, et comme le commerce de Jérusalem se réduit à peu de chose, il n'y vient guère que ceux qui ont amassé de l'argent ; une remarque qu'il n'est pas inutile de faire, c'est qu'on compte beaucoup plus de femmes que d'hommes. On trouve un grand nombre de vieux rabbins : lorsque j'en rencontre avec leur longue barbe blanche et leur robe flottante, je songe tout d'abord aux pontifes Aaron ou Éléazard.

« Les Juifs de la cité sainte sont toujours les premiers frappés quand le mutzelim lève ses contributions arbitraires ; les avanies tombent sur eux avec un caractère de despotisme tout particulier, car ce peuple n'a sur la terre aucun roi, aucun prince, aucun pouvoir qu'il puisse invoquer.

« La synagogue montre assez dans quel abîme de misères Israël est tombé. Cette nation cache dans les lieux souterrains ses prières et ses lamentations religieuses, comme autrefois les disciples du Christ cachaient leurs mystères. Les Juifs finissent comme les chrétiens ont commencé, la croix sortit des catacombes de Rome pour aller régner sur le monde, et la dernière espérance d'Israël mourra dans la synagogue souterraine de Jérusalem. »

« Adrien, maître de la ville sainte, défendit aux Juifs, sous peine de mort, d'entrer dans la cité; seulement l'empereur leur avait donné un jour dans l'année où ils pouvaient, à prix d'argent, se montrer dans la ville pour pleurer leur malheur. « Cette nation qui avait vendu le sang du Christ, dit saint Jérôme, n'eut point alors la liberté de verser des larmes sur ses propres ruines, et se vit réduite à acheter le droit de pleurer. » Maintenant on peut dire aussi que les Israélites de Jérusalem paient les larmes qu'ils répandent, car chacun des jours qu'ils passent dans la ville de David est chèrement acheté. Dans le parvis de la mosquée d'Omar, entre le temple musulman et les murailles sud-est de la ville, il est un lieu qu'on nomme la *Place-des-Pleurs*; les Israélites obtiennent, à prix d'argent, la liberté de se réunir sur cette place le vendredi après midi, pour embrasser la poussière, unique reste du temple de Salomon, et déplorer ensemble les mystérieuses calamités de Juda.

« Le quartier des musulmans (Harat-el-Muslmin) avoisine la mosquée d'Omar. Ce sont de hautes maisons avec d'étroites fenêtres grillées, des habitations à physionomie morne, d'où ne s'échappe aucun bruit et qui paraissent entourées de mystères.

« Les musulmans sont plus intolérants à Jérusalem que partout ailleurs. Cependant la conquête d'Alger, qui a si vivement frappé toutes les populations de l'Orient, a exercé à Jérusalem une influence salutaire; les musulmans mettent moins d'aigreur et de violence dans leurs rapports avec les chrétiens, et s'ils insultent ou maudissent les giaours, c'est tout bas et secrètement. Toutefois un catholique, un Grec ou un Arménien n'aurait garde de s'aventurer seul dans le quartier des mahométans. Le Harat-el-Muslmin est pour les chrétiens une région étrangère qu'on ne traverse point sans péril, une cité ténébreuse et ennemie qui a des piéges et des vengeances toutes prêtes. Il règne dans ce quartier une solitude silencieuse qui donne presque de l'effroi ; les figures qu'on y rencontre sont comme des ombres égarées, comme de mauvais djins qui menacent de troubler le repos de nos nuits. Malgré mon costume franc, j'ai parcouru bien des fois le Harat redouté sans jamais recevoir aucune insulte ; seulement un jour que, voulant visiter des yeux le parvis de la mosquée d'Omar, je m'étais arrêté un peu trop longtemps à la grande porte qui donne sur cette vaste enceinte, un vieil émir, coiffé d'un turban vert, me cria d'une voix sèche et rude : *Talla-rou* (va-t-en). Le Harat-el-Maugrabé, quartier des Maugrabins, est comme une continuation du Harat-el-Muslmin ; les musulmans de ce quartier sont originaires de Barbarie. Ainsi donc il faut distinguer à Jérusalem trois nations musulmanes, les Arabes, les Barbaresques, les Osmanlis de l'Asie-Mineure ; ces derniers sont les moins nombreux. La population musulmane est évaluée à treize mille âmes.

« Les musulmans ont six mosquées, sans compter la mosquée de David sur le mont Sion, et celle du *Scheikh-Lalami* située sur le mont des Oliviers. Les six mosquées de Jérusalem sont : 1° la mosquée d'Omar, appelée en arabe *El-Aksa* ; 2° la mosquée *El-Sakhara* ; 3° une mosquée voisine du couvent de Saint-Sauveur, nommée *Scheikh-Lalami*, comme celle du mont des Olives ; 4° la mosquée d'*Abou-Madian*, près de la petite porte des Maugrabins; 5° la mosquée du *Scheikh-Loulen*, près du bazar des grains ; 6° la mosquée d'*Alkorami*, à côté du grand bazar. On a parlé ailleurs des mosquées bâties sur l'emplacement du temple de Salomon. Quant aux quatre autres sanctuaires, qui portent chacun le nom du santon qu'ils ont eu pour patron ou pour fondateur, ce sont des monuments sans importance historique, sans importance comme construction.

« On peut passer assez naturellement aux cimetières musulmans : on en voit deux autour de Jérusalem, l'un près de la grotte de Jérémie, l'autre est située à un quart d'heure de la ville, sur la route de Jaffa.

« On ne trouve point dans ces champs des morts la pompe solennelle des cimetières de Scutari; point de pyramides et de colonnes funèbres, point de ces monuments superbes qui racontent avec des lettres d'or la gloire d'un visir ou d'un pacha ; ce sont des tombeaux fort simples, comme on en rencontre sur tous les chemins de la Turquie. Le cyprès, compagnon fidèle des tombes musulmanes, ne jette point l'ombre de ses noirs rameaux dans les cimetières de Jérusalem ; le tilleul et l'ormeau, le myrte, l'if et le buis ne viennent point y adoucir, comme en d'autres pays de l'Orient, la tristesse des sépulcres.

« J'ai vu le convoi d'une jeune musulmane au champ des morts de la route de Jaffa ; c'était la femme d'un des plus riches personnages de Jérusalem, elle n'avait que dix-neuf ans : plus de deux cents personnes accompagnaient ses derniers restes. Le cercueil, recouvert d'un drap de soie noire, était porté par six musulmans, qui marchaient à pas rapides. Les larmes ne coulaient sur aucun visage, aucune bouche ne proférait des gémissements; là pourtant se trouvaient le père, le frère et le mari de celle qui, encore à son matin, allait entrer dans la maison de l'éternité. La multitude qui suivait le convoi n'était composée que d'hommes. Une demi-heure après, lorsque déjà chaque assistant avait regagné la ville, des femmes musulmanes se sont rendues en grand nombre auprès de la fosse nouvelle; enveloppées dans de longs voiles blancs, elles s'avançaient sans bruit et dans un religieux silence; on eût dit des ombres qui allaient visiter une ombre. Les femmes se sont groupées autour de la fosse, mêlant leurs prières et repassant ensemble la trop courte vie que l'ange de la mort venait de trancher. »

Écoutons maintenant M. Michaud : « C'est dans Jérusalem qu'il faut voir tout ce que la religion musulmane inspire d'intolérance et d'orgueil à ses sectateurs, tout ce que la religion chrétienne donne à ses disciples de patience, de résignation et d'humilité. Une circonstance assez singulière vient de nous montrer les deux croyances en présence l'une de l'autre, et chacune dans l'esprit qui la caractérise. Cette année, le ramadan a commencé le même jour que le carême des chrétiens; dans l'église du Saint-Sépulcre, dès le lever du jour, les catholiques se sont pressés au pied des autels pour la cérémonie des cendres; tous les fidèles s'accusaient de leurs fautes, se frappaient la poitrine, chantaient les cantiques de la pénitence. A la fin de la même journée, les musulmans ont aperçu la lune, et ont jeté de grands cris; le canon des fêtes a tonné du haut des remparts, les mosquées étaient illuminées, les cafés remplis de monde; les musulmans couraient par bandes dans les rues ; on entendait partout des clameurs, et le nom d'Allah se mêlait au bruit des coups de fusil; on eût dit que les musulmans, au lieu de se préparer à la pénitence, se préparaient à la guerre, et, comme le disait notre drogman, qu'ils voulaient escalader le paradis.

« Nous rencontrerons quelquefois dans les rues et sur les chemins le gouverneur ou le mutzelin de Jérusalem ; il est monté sur son cheval arabe, coiffé d'un large turban, armé d'un sabre recourbé de Damas ; auprès de lui, un cavalier porte une longue lance surmontée d'un plumet noir; parmi ses gardes, les uns frappent sur des espèces de tambours ou timpanons qui retentissent au loin, d'autres tirent des coups de fusil, et les balles sifflent aux oreilles des passants. Voilà le gouverneur ou plutôt le gouvernement de Jérusalem; tout le monde en a peur, tout le monde se met à l'écart. Il y a aussi dans la ville un cadi, un sous-cadi chargés de rendre la justice, un muphti qui préside à la police des mosquées et à l'observation de la foi religieuse. Les hommes qui exercent ces pouvoirs s'occupent moins de persécuter des croyances que de ruiner ceux qui les professent : ils protègent les sectes religieuses comme une chose productive; leur tyrannie fiscale est la seule qu'ils exercent véritablement, mais ils l'exercent dans toutes ses rigueurs, avec tous ses excès; on ne peut nombrer tous les trésors qu'ils ont extorqués aux chrétiens, pour la conservation des saints lieux; ils retirent de l'argent de toutes les querelles qui s'élèvent dans le sanctuaire, et la discorde fait chaque jour tomber entre leurs mains une pluie d'or; si un Grec commet quelques désordres, le monastère grec est imposé; la même chose pour les Arméniens, la même chose pour les catholiques. Si des chrétiens veulent relever une maison, une église qui tombe en ruines, les musulmans en vendent chèrement la permission; quelquefois même leur cupidité va tendre ses filets aux bazars, et c'est alors que les marchands peuvent dire avec le prophète Ézéchiel : *Que celui qui vend ne se réjouisse pas.*

« C'est de la ville sainte qu'il faut voir tout ce qui se passe en Europe, c'est sur les rochers du Calvaire qu'on est bien placé pour voir passer les empires qui s'en vont; en reportant mon esprit à ces illusions de l'avenir, à ces fantômes qui nous tourmentent sans cesse, à ces besoins, à ces visions de liberté qui ne se réalisent jamais, je me rappelle ce qu'Isaïe disait aux enfants d'Israël : « Vous êtes comme un homme qui a faim et qui rêve qu'il mange pendant la nuit, ou comme un homme qui a soif et qui songe en dormant qu'il boit à longs traits; quand le sommeil a fui, le premier est aussi vide qu'il l'était, l'autre plus altéré qu'auparavant. » Tel sera le réveil des peuples de l'Occident qui rêvent aujourd'hui des prospérités futures, et qui, dédaignant leurs souvenirs des temps anciens, n'interrogent plus que l'avenir aussi trompeur que les songes de la nuit. Peut-être se demandera-t-on un jour ce que ces peuples sont devenus; mais Jérusalem ne périra pas par les révolutions; elle restera toujours la même, car toute misérable qu'elle est, elle vit du passé, et le passé ne lui manquera point. »

CHAPITRE VII.

DESCRIPTION DE LA CONTRÉE AU SUD ET À L'EST DE JÉRUSALEM.

Jardin des Oliviers. — Sépulcre de la sainte Vierge, — de saint Joseph, — de saint Joachim, — de sainte Anne. — Grotte de l'Agonie. — Mont des Oliviers. — Grotte du Symbole des Apôtres, — de l'Oraison Dominicale. — Maison des Galiléens. — Église de l'Ascension. — Empreinte du pied de Notre-Seigneur. — Réflexions de M. de Châteaubriand, de M. Michaud. — Couvent d'Élie. — Tombeau de Rachel. — Bethléem. — Églises de Sainte-Marie, — de Sainte-Catherine. — Grotte de Saint-Jérémie. — Sépulcre des Innocents. — Sanctuaire de la Nativité. — Messe de minuit. — Monastère des Pères Franciscains. — Village de Bethléem. — Mœurs des habitants. — Grottes du Lait, — des Pasteurs. — Citerne de David. — Piscine de Salomon. — Couvent de Saint-Saba. — Montagnes d'Arabie. — Mer Morte. — Tableau tracé par M. de Châteaubriand, — par M. Poujoulat. — Digression sur les pommes de Sodome. — Le Jourdain. — Son embouchure. — Baptême de Notre-Seigneur. — Jéricho. — Arbres remarquables. — Fontaine d'Élisée. — Montagne de la Tentation. — Place du Sang. — Fontaine des Apôtres. — Désert de Saint-Jean. — Monastère. — Maison de Zacharie. — Chapelle de la Visitation. — Béthanie. — Tombeau de Lazare. — Monastère de Mélisende. — Vallée perdue. — Il Labirinto. — Le mont Français. — Village de la Vierge. — Hébron. — Tombeaux des patriarches. — Désert entre Hébron et la mer Morte.

En sortant de Jérusalem par la porte Saint-Étienne, dans le but de visiter Bethléem, de voir le Jourdain et la mer Morte, le pèlerin trouve presque immédiatement des lieux non moins célèbres, non moins révérés que ceux qu'il a déjà vus. Le premier est le jardin de *Gethsémani* ou des *Oliviers*. Ce jardin, situé à la naissance du torrent de Cédron, appartient aux Pères de Terre-Sainte; il n'est clos que par une mauvaise muraille de trois pieds de haut, construite en pierres sèches; son étendue est au plus de cent pieds en carré; on y remarque huit oliviers d'une grosseur extraordinaire, et d'une décrépitude telle, que l'on peut croire avec la tradition, qu'ils existaient du temps de Jésus-Christ. « L'olivier est, pour ainsi dire, immortel, fait remarquer M. de Châteaubriand, parce qu'il renaît de sa souche : on conservait dans la citadelle d'Athènes un olivier dont l'origine remontait à la fondation de la ville. » Quelques écrivains, qui ont cru devoir nier toutes les traditions, objectent que, Titus ayant fait couper tous les oliviers des environs de Jérusalem, il est impossible que ceux-ci aient survécu; à cela on peut répondre que, bien que l'ordre de Titus eût été exécuté, il a pu arriver, par des circonstances particulières, que ces oliviers aient été épargnés. Les relations les plus anciennes n'en comptent que neuf, et il n'en reste plus que huit, en supposant d'un autre côté que le tronc de ceux-ci ait été coupé, des rejetons ont pu naître immédiatement. « Au reste, dit encore M. de Châteaubriand, ces oliviers sont au moins du temps du Bas-Empire; en voici la preuve: tout olivier trouvé debout par les musulmans, lorsqu'ils envahirent l'Asie, ne paie qu'un medin au fisc, tandis que l'olivier planté depuis la conquête, doit au grand-seigneur la moitié de ses fruits; or, les huit oliviers dont nous parlons ne sont taxés qu'à huit medins. »

Quoi qu'il en soit, personne ne s'approche sans respect de ces arbres antiques; le Grec, l'Arménien, l'Arabe même les vénèrent comme le catholique; le couvent de Jérusalem entretient une garde turque pour empêcher qu'on ne touche à ces oliviers, qui, malgré leur décrépitude, donnent quelques olives avec lesquelles les bons Pères font des chapelets. Leur rareté semble ajouter encore quelque chose au prix qu'on y attache.

Vis-à-vis du jardin, on trouve le sépulcre de la Vierge; c'est une église souterraine dans laquelle on descend par un large escalier de marbre de cinquante marches. C'est une grotte immense, d'un travail d'autant plus extraordinaire qu'il a été taillé dans le roc; c'est sans contredit un des ouvrages les plus considérables qu'aient faits les habitants de la Palestine et de l'Asie-Mineure. Au bas de l'escalier se trouve le tombeau de la très-sainte Vierge, dans une petite chapelle. A la voûte sont suspendues une infinité de lampes d'or et d'argent, et des œufs d'autruche, et lorsque, dans les solennités, toutes ces lampes sont allumées, le temple souterrain est tout rayonnant de splendeur. Un dôme surmonte l'autel où l'on dit la messe.

Cette église appartenait autrefois aux latins; maintenant elle est partagée entre les Grecs et les Arméniens. « Ainsi, dit le Père Géramb, M. Châteaubriand se trompe quand il avance que les catholiques possèdent le tombeau de Marie. »

« Quoique la Vierge ne soit pas morte à Jérusalem, dit l'illustre auteur de l'*Itinéraire*, elle fut, suivant l'opinion de plusieurs Pères, miraculeusement ensevelie à Gethsémani par les apôtres. Euthymius raconte l'histoire de ces merveilleuses funérailles. Saint Thomas ayant fait ouvrir le cercueil, on n'y trouva plus qu'une robe virginale, simple et pauvre vêtement de cette reine de gloire, que les anges avaient enlevée aux cieux. »

A peu près au milieu de l'église, sur la gauche, est le tombeau de saint Joseph ; à droite, sont ceux de saint Joachim et de sainte Anne.

Vers l'extrémité du jardin, est l'endroit où les apôtres s'endormirent lorsque Notre-Seigneur les laissa pour aller prier. Un peu plus loin, est la grotte où il fit sa prière ; elle porte le nom de *Grotte de l'Agonie*. Elle est absolument dans le même état où elle se trouvait au temps de notre Sauveur ; l'espèce de voûte qu'elle forme s'appuie sur trois pilastres de la même roche. Le jour y pénètre par une ouverture pratiquée dans le haut, jadis on y entrait de plain-pied ; maintenant, on y descend par dix marches. Elle est fermée par une porte dont les Pères Franciscains gardent la clef. A l'endroit même de l'agonie, est un autel surmonté d'un tableau représentant notre Sauveur soutenu par l'ange qui vient le fortifier. On lit au bas cette inscription :

HIC FACTUS EST SUDOR EJUS SICUT GUTTÆ SANGUINIS
DECURRENTIS IN TERRAM.

Un lieu qu'on ne peut regarder sans éprouver un frémissement secret, c'est celui où Judas trahit son maître ; c'est un espace de quinze à vingt pas de long sur deux de largeur, entre deux murs.

« A quelle espèce de douleurs Jésus-Christ consentit à descendre ! s'écrie M. de Châteaubriand. Il éprouva ces affreux dégoûts de la vie que la vertu même a de la peine à surmonter. Et à l'instant où un ange est obligé de sortir du ciel pour soutenir la Divinité défaillante sous le fardeau des misères de l'homme, cette Divinité miséricordieuse est trahie par l'homme ! »

En quittant la grotte de l'Agonie, et à une centaine de pas du tombeau de Marie, on commence à gravir le mont des Oliviers par un chemin tortueux semé de cailloux. On s'arrête d'abord près d'une roche d'où l'on prétend que Jésus-Christ regarda la ville coupable en pleurant sur la désolation prochaine de Sion. Baronius remarque que Titus planta ses tentes à l'endroit même où le Sauveur avait prédit la ruine de Jérusalem.

De la roche de la Prédiction, on monte à des grottes qui sont à droite du chemin. On les appelle les *Tombeaux des Prophètes* ; elles n'ont rien de remarquable, et l'on ne sait trop de quels prophètes elles peuvent garder les cendres.

Un peu au-dessus est une espèce de citerne formée de douze arcades. Ce fut là que les apôtres composèrent le premier symbole de notre croyance. Écoutons M. de Châteaubriand qu'on ne saurait trop citer :

« Tandis que le monde entier adorait à la face du soleil mille divinités honteuses, douze pêcheurs, cachés dans les entrailles de la terre, dressaient la profession de foi du genre humain, et reconnaissaient l'unité du Dieu créateur de ces astres à la lumière desquels on n'osait encore proclamer son existence. Si quelque Romain de la cour d'Auguste, passant auprès de ce souterrain, eût aperçu les douze Juifs qui composaient cette œuvre sublime, quel mépris il eût témoigné pour cette troupe superstitieuse! Avec quel dédain il eût parlé de ces premiers fidèles! Et pourtant, ils allaient renverser les temples de ce Romain, détruire la religion de ses pères, changer les lois, la politique, la morale, la raison, et jusqu'aux pensées des hommes. Ne désespérons jamais du salut des peuples. Les chrétiens gémissent aujourd'hui sur la tiédeur de la foi; qui sait si Dieu n'a point planté dans une aire inconnue le grain de sénevé qui doit multiplier dans les champs : peut-être cet espoir de salut est-il sous nos yeux sans que nous nous y arrêtions; peut-être nous paraît-il aussi absurde que ridicule. Mais qui aurait jamais pu croire à la folie de la croix!

« On monte un peu plus haut, et l'on rencontre les ruines ou plutôt l'emplacement désert d'une chapelle : une tradition constante enseigne que Jésus-Christ récita dans cet endroit l'*Oraison Dominicale*. Ainsi furent composées presque au même lieu la profession de foi de tous les hommes et la prière de tous les hommes.

« A trente pas de là, en tirant un peu vers le nord, est un olivier au pied duquel le Fils du souverain arbitre prédit le jugement universel. »

Enfin, on fait encore environ cinquante pas sur la montagne, et, au sommet, en portant ses pas à gauche, on traverse un champ d'oliviers et on arrive à la masure connue sous le nom de *Viri Galilœi*. Ces deux mots sont les premiers qu'adressèrent les anges aux fidèles, témoins de l'ascension du Sauveur, en demandant pourquoi ils s'arrêtaient à regarder au ciel.

En revenant sur ses pas, et toujours sur le sommet

de la montagne, on trouve une petite mosquée de forme octogone, élevée sur l'emplacement où était jadis une église de la plus grande magnificence, bâtie par sainte Hélène, au lieu même d'où Jésus-Christ monta au ciel après sa résurrection. « Saint Jérôme nous apprend, dit Châteaubriand, qu'on n'avait jamais pu fermer la voûte de cette église à l'endroit où Jésus-Christ prit sa route à travers les airs. Le vénérable Bède assure que de son temps, la veille de l'Ascension, on voyait, pendant la nuit, la montagne des Oliviers couverte de feux. Rien n'oblige à croire ces traditions, que je rapporte seulement pour faire connaître l'histoire et les mœurs ; mais si Descartes et Newton eussent philosophiquement douté de ces merveilles, Racine et Milton les auraient poétiquement répétées.

« On distingue sur le rocher l'empreinte du pied gauche d'un homme, le vestige du pied droit s'y voyait aussi autrefois : la plupart des pèlerins disent que les Turcs ont enlevé ce second vestige pour le placer dans la mosquée du temple ; mais le père Roger affirme positivement qu'il n'y est pas. Saint Augustin, saint Jérôme, saint Paulin, Sulpice Sévère, Bède, la tradition, tous les voyageurs anciens et modernes, assurent que cette trace marque un pas de Jésus-Christ. En examinant cette trace, on a conclu que le Sauveur avait le visage tourné vers le nord au moment de son ascension, comme pour renier le midi infesté d'erreurs, pour appeler à la foi les barbares qui devaient renverser les temples des faux dieux, créer de nouvelles nations et planter l'étendard de la croix sur les murs de Jérusalem. »

« Pour moi, dit le célèbre historien des croisades,

si je voulais me représenter l'ascension miraculeuse, cette montagne des Oliviers serait le marchepied d'un Dieu, et pour assister au divin spectacle, je me placerais sur la hauteur des Galiléens, où se trouvaient la Vierge et les apôtres lorsque le Sauveur montait au ciel.

« Pourquoi en effet me renfermerai-je dans un étroit réduit, dans une cabane obscure, les yeux attachés sur une pierre qu'un santon turc me fait voir pour de l'argent, tandis que du point où je me suis placé, je puis voir du côté de l'orient la longue ligne de verdure qui marque le cours du Jourdain, les montagnes bleues de l'Arabie, la plaine de Jéricho, et devant moi, vers l'occident, Jérusalem avec toutes ses merveilles. Tout est beau, tout est pur sur la colline des Oliviers, et l'aspect radieux du firmament semble nous y montrer encore la route azurée du Fils de Dieu; le mont des Olives n'a point la physionomie sombre qui caractérise le pays, il est partout cultivé et couvert, en plusieurs endroits, des arbres dont il porte le nom; en regardant d'un côté la montagne du Calvaire et de l'autre la belle colline des Oliviers, on juge d'abord que l'Homme-Dieu a dû choisir la première pour y mourir, et l'autre pour opérer le miracle de son ascension. »

En continuant notre route au sud, nous marchons vers Bethléem, éloignée de deux heures de la ville sainte; à moitié chemin est un monastère grec qui porte le nom du *prophète Élie*, c'est une masure qui n'a rien de remarquable. Devant le monastère est un arbre dont le feuillage touffu ombrage une pierre qui servait, dit-on, de lit au prophète. Non loin de là, à droite, est un petit bâtiment carré surmonté d'un dôme, c'est le *tombeau de Rachel*. Il se peut que ce monument ait été élevé au lieu même où fut enterrée la femme de Jacob; mais qu'il remonte jusqu'au patriarche, ou même que celui-ci ait érigé un tombeau à sa compagne, c'est ce dont il est d'autant plus permis de douter, que l'Écriture se contente de dire qu'à son retour de Mésopotamie, Jacob perdit Rachel à l'entrée d'Ephrata (*nunc* Bethléem) et l'enterra sur le chemin. Il est visible d'ailleurs, à la première inspection de l'édifice, qu'il appartient à des temps beaucoup plus rapprochés de nous. Ce monument est également vénéré par les Juifs et par les disciples de l'Évangile et du Coran : il est couvert de noms et d'inscriptions arabes et hébraïques, et se trouve au milieu d'un cimetière musulman. C'est près de ce lieu qu'on doit placer Rama la Noble, qu'il ne faut pas confondre avec Rama, l'ancienne Arimathie, sur la route de Jaffa. Il ne reste plus qu'un champ de pierres à la place où fut Rama. La plupart des innocentes victimes d'Hérode appartenaient à Rama, voisine de Bethléem; aux jours de ce désastre, on entendit Rachel gémir du fond de son sépulcre : elle pleurait ses enfants et ne voulait point se consoler, parce qu'ils n'étaient plus : *Et noluit consolari, quia non sunt.*

Bethléem reçut son nom d'Abraham, et Bethléem signifie la *maison du pain*. Elle fut surnommée *Ephrata* pour la distinguer d'une autre Bethléem de la tribu de Zabulon; elle porte aussi le nom de *Cité de David*, parce qu'elle était la patrie de ce monarque, qui y garda les troupeaux dans son enfance.

Les premiers chrétiens avaient bâti, à Bethléem, une chapelle dans laquelle était enclavée l'étable où le

Sauveur vint au monde. Dans le but d'en éloigner les fidèles et de livrer leurs mystères à la dérision des païens, l'empereur Adrien y fit ériger une statue à Adonis, et établit en son honneur un culte particulier qui subsista jusqu'au règne de Constantin. Hélène, mère de ce prince, joignit aux immenses bienfaits par lesquels elle avait déjà signalé sa piété, celui de faire abattre la honteuse idole, d'en proscrire le culte; et par ses soins s'éleva dans le même lieu l'église qui porte aujourd'hui le nom de Marie.

Cette église, bien qu'elle ait subi de grandes dégradations et qu'elle ait été souvent réparée, laisse encore apercevoir des marques de son ancienne et glorieuse origine. Elle est bâtie en forme de croix et ornée de quarante-huit colonnes de marbre d'ordre corinthien. Le vaisseau principal est séparé du chœur et des branches latérales de la croix par un gros mur; il appartient aux Grecs et aux Arméniens qui y célèbrent leur office; les autres parties sont extrêmement négligées, jamais on n'y officie; le pavé est dans un délabrement tel, qu'on ne peut y marcher sans s'exposer à de dangereuses chutes.

Près de l'église de Sainte-Marie en est une autre sous le vocable de Sainte-Catherine, qui appartient aux catholiques; elle est beaucoup trop petite pour le nombre des fidèles. Son principal ornement est un orgue excellent dont l'harmonie ajoute beaucoup à la douceur des émotions que l'on éprouve à Bethléem.

C'est par cette église que les catholiques passent aujourd'hui pour se rendre à la Sainte-Grotte, au lieu de suivre le chemin qu'on prenait autrefois. Les continuelles chicanes que les Grecs et les Arméniens suscitent aux Pères de la Terre-Sainte ont donné lieu à ce changement.

De Sainte-Catherine on descend par un escalier fort étroit qui n'est éclairé que par deux lampes. Au bas, sur la droite, un petit chemin conduit à l'autel de Saint-Eusèbe, et de là à deux autres qui se font face et sont consacrés, l'un à saint Jérôme, l'autre à sainte Paule et à sainte Eustochie. Plus loin se trouve la partie principale de la grotte de saint Jérôme, où l'illustre solitaire a passé une grande partie de sa vie : cette grotte a été transformée en une chapelle qui lui a été dédiée. De ce point il faut revenir sur ses pas pour aller à la grotte : on passe devant un autel sous lequel est le sépulcre des saints Innocents ; c'est, d'après la tradition, le lieu où furent enterrés les enfants de Bethléem que la jalousie d'Hérode fit massacrer.

En montant quelques degrés, on trouve une porte qui conduit à la chapelle souterraine de la Sainte-Grotte : elle a trente-huit pieds de long, onze de large et neuf de haut. Les rochers et le pavé sont revêtus d'un marbre précieux, donné par sainte Hélène ; trente-deux lampes brûlent sans interruption dans ce saint lieu, où ne pénètre jamais la lumière du jour. Au fond, vers l'orient, est la place où la plus pure des vierges enfanta le Sauveur du monde. Cet endroit, qu'éclairent seize lampes, est indiqué par un marbre blanc fixé dans le pavé et incrusté de jaspe, au milieu duquel est un soleil en argent entouré de cette inscription :

HIC DE VIRGINE MARIA
JESUS CHRISTUS NATUS EST.

Au-dessus est une table de marbre servant d'autel et soutenue par deux colonnes ; c'est entre ces colonnes et sous cet autel qu'on se prosterne pour baiser la place auguste que désigne l'inscription.

Quelques pas plus bas, vers le midi, se trouve la crèche.

A trois pas vis-à-vis de la crèche, est le lieu où Marie était assise, ayant dans ses bras l'Enfant Jésus, lorsque les Mages vinrent l'adorer et lui offrir des présents.

La crèche est élevée à un pied au-dessus du niveau de la grotte et recouverte d'un marbre blanc. La pierre du rocher est cachée par un tableau ; on l'ôte le jour de Noël, et la roche nue reste exposée pendant quelque temps à la vénération des fidèles.

Les princes chrétiens se font un devoir d'envoyer des présents pour l'ornement de la crèche, elle est toujours tendue de magnifiques draperies.

Le père Géramb, qui a eu l'insigne bonheur d'assister à une messe de minuit à Bethléem, décrit ainsi la procession solennelle vers la sainte crèche, par laquelle commence l'office. « A minuit, à cette heure de *Salut*, où, dans toutes les églises catholiques de l'univers, l'Enfant Jésus reçoit les hommages de tout ce qu'il y a sur la terre de chrétiens fidèles, le révérend Père gardien ouvre la marche et s'avance à pas lents, le front incliné, portant avec respect dans ses bras l'Enfant Jésus ; puis viennent les Bethléémites et les Arabes catholiques, puis les pèlerins des diverses nations, tous un flambeau à la main. Le célébrant et le cortége étant arrivés vers la place même de la *Nativité*, le diacre, dans un recueillement profond, chante l'Évangile. Lorsqu'il en est à ces mots : « Et l'ayant emmailloté, » il reçoit l'Enfant des mains de l'officiant, l'enveloppe de langes, le

dépose dans la crèche, se prosterne et adore.....
Alors il se passe dans les âmes quelque chose de surnaturel, j'oserai le dire, si j'en juge par ce dont j'ai été le témoin, par ce que j'ai moi-même senti. Pour exprimer sa reconnaissance, son amour, la piété n'a plus de voix; elle ne parle plus que par l'attendrissement de ses regards, par ses soupirs et par ses larmes. »

« Rien n'est plus agréable et plus dévot que cette église souterraine, dit Châteaubriand; elle est enrichie de tableaux des écoles italienne et espagnole. Ces tableaux représentent les mystères de ces lieux, des Vierges et des Enfants d'après Raphaël, des Annonciations, l'Adoration des Mages, la Venue des pasteurs et tous ces miracles mêlés de grandeur et d'innocence. Les ornements ordinaires de la crèche sont de satin bleu brodé en argent; l'encens fume sans cesse devant le berceau du Sauveur. J'ai entendu un orgue, fort bien touché, jouer à la messe les airs les plus doux et les plus tendres des meilleurs compositeurs d'Italie. Ces concerts charment l'Arabe chrétien qui, laissant paître ses chameaux, vient, comme les antiques bergers de Bethléem, adorer le Roi des rois dans sa crèche : j'ai vu ces habitants du désert communier à l'autel des Mages avec une ferveur, une piété, une religion inconnues des chrétiens de l'Occident. » Nul endroit de l'univers, suivant le père Neret, n'inspire plus de dévotion; l'abord continuel des caravanes de toutes les nations chrétiennes, les prières publiques, les prosternations, la richesse même des présents que les princes chrétiens y ont envoyés, tout cela excite en votre âme des choses qui se font sentir beaucoup mieux qu'on ne peut les exprimer.

Ajoutons qu'un contraste extraordinaire rend encore les choses plus frappantes, car en sortant de la grotte, où vous avez retrouvé les richesses, les arts, la religion des peuples civilisés, vous êtes transportés dans une solitude profonde, au milieu des masures arabes, parmi des sauvages demi-nus et des musulmans sans foi. Ces lieux sont pourtant ceux-là même où s'opérèrent tant de merveilles ; mais cette terre sainte n'ose plus faire éclater au dehors son allégresse, et les souvenirs de sa gloire sont renfermés dans son sein.

Le monastère est habité par douze religieux Franciscains, gardiens de la crèche du Sauveur ; chaque jour, à quatre heures après midi, les religieux, portant un flambeau, vont visiter en procession la grotte de la Nativité ; ils chantent des hymnes sur la naissance du Christ, et en sortant, ils font des stations à tous les lieux consacrés.

Beaucoup d'anciens voyageurs ont parlé de l'antique église attenant au couvent, et qui fut jadis un des plus beaux monuments de la Terre-Sainte ; quelques inscriptions qu'on y reconnaît encore annoncent que l'église fut réparée et embellie par les rois latins de Jérusalem. Les Grecs se sont emparés du chœur de l'église, et en ont fait leur sanctuaire. Ce temple vénérable, où Baudoin Ier fut sacré roi, et qui retentit pendant un siècle et demi des chants et des prières des croisés, est maintenant abandonné à la poussière et à la destruction ; il n'est plus qu'un passage public pour les religieux du monastère et pour les Arabes chrétiens.

Les collines où s'élève Bethléem présentent un aspect assez riant avec leurs vergers d'oliviers et de figuiers, dont la verdure éclate davantage sur un sol rougeâtre et semé de pierres; les arbres fruitiers et les moissons donnent d'abondantes récoltes sans beaucoup de culture. Bethléem compte deux mille habitants, dont quinze cents catholiques, quatre cents Grecs et le reste musulman. Bethléem est peut-être la seule cité de l'Orient qui ne soit point gouvernée par un chef musulman; il n'y a ni aga, ni mutzelin. Les Bethléémites, dans leurs querelles ou dans leurs affaires, ont recours au Père gardien qui remplit les fonctions de curé. Les Arabes redoutent beaucoup ces hommes forts et courageux; voici à ce sujet une anecdote racontée par M. Poujoulat. « Voyant passer, dit-il, les mulets ou les ânes qui, chaque semaine, apportent du couvent de Jérusalem les provisions destinées aux religieux de Bethléem, je demandais au Père curé si toutes ces provisions ne couraient aucun risque sur une route traversée par des Arabes pillards. « Oui, sans doute, me répondit-il, nos petits convois de vivres seraient grandement en danger, s'ils n'étaient protégés par l'escorte la plus sûre et la plus puissante; savez-vous quelle est cette escorte? c'est un petit enfant ou une petite fille de Bethléem; un enfant représente là toute la nation bethléémite, et malheur aux Arabes qui oseraient l'arrêter en chemin ! »

Une robe bleue et un voile blanc forment le costume des femmes; les hommes et les enfants portent une chemise de toile grossière, serrée d'une ceinture de cuir et un manteau blanc de laine rayé de gris; quelques-unes portent une robe bleue ou rouge sur leur chemise de toile.

Le cimetière des catholiques touche au monastère

latin ; la funèbre enceinte n'a ni marbres ni mausolées ; tout y est humble et pauvre.

« J'ai vu, dit M. Poujoulat, du haut de la terrasse du couvent, l'enterrement d'un Bethléémite, c'est un des plus curieux spectacles qui aient passé sous mes yeux dans ce pays. Tous les catholiques de la cité assistaient aux funérailles ; quatre hommes portaient le cercueil sur leurs épaules. Après les cérémonies et les prières des morts comme elles se font dans nos contrées, le moment est venu où le corps du défunt a été posé près de la fosse ; alors on a entendu des gémissements et des cris à fendre le cœur ; la fosse n'était point encore entièrement creusée ; une douzaine de femmes, des pleureuses, se sont précipitées sur le coin de terre qu'on ouvrait pour recevoir le cadavre ; elles arrêtaient les bras du fossoyeur en versant des ruisseaux de larmes, et entraient elles-mêmes dans la fosse comme pour prendre la place du défunt et s'offrir en victimes à la mort. Pendant ce temps-là, d'autres femmes, se tenant par la main, dansaient des rondes lugubres ; elles se frappaient la poitrine et maudissaient dans leur langue le barbare destin. Quand le mort, enveloppé d'un suaire, a été déposé dans le suprême gîte, les tristes clameurs ont redoublé, la danse lugubre est devenue plus rapide, et a pris le caractère du plus violent désespoir ; la femme du défunt s'est jetée avec des transports inexprimables sur les dernières dépouilles de celui qui avait été l'ami de son cœur, et pour que le fossoyeur pût recouvrir de terre le cadavre, il a fallu que deux hommes emportassent hors du cimetière la veuve à demi morte de douleur ; je pense que cet étalage de deuil n'est qu'un reste des antiques mœurs arabes. »

Autour de Bethléem, quelques lieux révérés attirent la curiosité des pèlerins. À deux cents pas, à l'est du monastère, la grotte du *Lait de la Vierge* renferme sept à huit colonnes de pierres et un autel sur lequel on dit quelquefois la messe; il est taillé dans le roc. La tradition rapporte que la sainte Vierge s'y cacha pendant quelque temps avant la fuite en Égypte, et qu'elle y laissa tomber de son lait, un jour que le divin enfant était suspendu à sa mamelle.

A quelques centaines de pas à l'est, est la grotte *des Pasteurs*, c'était la demeure des pasteurs à qui les anges apparurent la nuit de la naissance du Sauveur. La piété des fidèles a transformé cette grotte en une chapelle. Elle devait être autrefois très-ornée, maintenant elle est en ruines.

La *citerne de David*, qui touchait autrefois au mur de Bethléem, en est éloignée d'un millier de pas, à cause de la destruction des maisons de la cité; elle était pavée en plomb; à côté, est une autre citerne semblable; on sait que le saint roi, près de combattre les Philistins, et éprouvant une soif ardente, souhaita de boire de l'eau de cette citerne; c'est ce souvenir qui a consacré ce lieu.

Une heure de marche conduit de Bethléem aux *Piscines de Salomon*. Elles sont au nombre de trois; ce sont des bassins creusés au ciseau, d'une dimension et d'une profondeur peu communes. Le premier a cent cinquante pas de longueur sur quatre-vingt de largeur, le second est d'une dimension plus grande, le troisième est le plus beau. Ces piscines ne reçoivent que les eaux du ciel. Elles sont creusées en pente, de manière à ce que l'eau puisse descendre de l'une à l'autre. A deux cents pas au nord de la première piscine, on trouve la *fontaine scellée*, cavité assez profonde d'où s'échappent trois sources abondantes. D'énormes pierres en défendent l'entrée, et la fontaine est aussi bien défendue qu'à l'époque où Salomon la fermait avec son sceau royal. Les trois sources se joignent d'abord dans un petit canal souterrain, qui, après avoir traversé ce qu'on appelle le Château, verse ses eaux dans une grotte où l'on descend par deux escaliers. Les eaux se rendent ensuite dans un conduit revêtu de pierres, lequel passe à côté des piscines, s'en va à Bethléem et de là à Jérusalem par des détours sans nombre. Les voyageurs qui ont avancé que l'eau de la fontaine scellée se décharge dans les piscines, ont commis une erreur. Les belles sources sont trop rares en Judée pour qu'on laisse leurs eaux se perdre dans des bassins abandonnés.

L'édifice qu'on nomme le *Château*, construit près des piscines, est une enceinte entourée de murs crénelés. Dans l'intérieur, il y a des cabanes de boue habitées par des familles musulmanes, qui veillent à la conservation de la fontaine scellée, réputée sainte parmi les Turcs; ce serait un crime de souiller ses eaux, et les gardiens sont là pour dénoncer ou punir.

Maintenant, reprenons le chemin qui conduit aux bords de la mer Morte. En sortant de la grotte des Pasteurs, on quitte les montagnes rouges pour entrer dans une chaîne de montagnes blanchâtres. « Cette terre est si horriblement dépouillée, dit M. de Châteaubriand, qu'elle n'a pas même une écorce de mousse; on voit seulement croître çà et là quelques touffes de plantes épineuses aussi pâles que le sol qui les produit, et qui semblent couvertes de poussière comme les arbres de nos grandes routes pendant l'été. »

Quelques lieues plus loin, en descendant le revers d'une montagne, on découvre deux hautes tours qui semblent s'élancer d'un dôme; c'est le couvent de *Saint-Saba*; il est impossible de peindre l'horreur de cet aride et affreux désert. On ne voit partout que poussière et rochers, et c'est sur la pente escarpée et presque perpendiculaire de ces rochers, à quatre cents pieds au-dessus du torrent de Cédron dont le sol pierreux se découvre au fond du ravin, qu'est construite la première terrasse, ou plutôt le rez-de-chaussée du monastère; le reste des bâtiments, graduellement adossé à la montagne, s'élève par derrière comme d'étage en étage jusqu'au sommet, base de la partie de l'édifice qui domine tous les autres, et qui, elle-même, est encore dominée par les tours carrées qui frappent d'abord les regards.

Sur le côté opposé, et à une profondeur telle que l'œil s'effraie en voulant la mesurer, on remarque une multitude de grottes dont la suite s'étend à plusieurs lieues. L'inégalité, l'escarpement des rocs, leur stérilité, tout aurait dû concourir à en interdire l'accès; cependant, il n'en est pas une qui n'ait été habitée par quelques-uns des pieux solitaires qui ont rempli l'univers du bruit de leurs austérités et de leurs vertus. Longtemps avant saint Saba, elles étaient peuplées de cénobites et d'anachorètes, et le nombre s'en accrut encore sous l'illustre saint. Là prière, la méditation, les louanges du Seigneur, le travail des mains y occupaient leurs journées et se prolongeaient dans le silence des nuits.

En l'an 1100, les infidèles firent un massacre affreux

de ces religieux, et on montre au pèlerin quatre à cinq cents têtes conservées comme des reliques.

Maintenant, ces grottes n'ont d'autres habitants que les colombes bleues auxquelles elles servent de retraite et qui aiment à y faire leurs nids.

Le couvent est habité par dix-sept religieux de l'ordre de Saint-Basile; l'eau et le pain noir, quelques légumes grossiers et des olives, telle est, durant toute l'année, la nourriture de ces pauvres caloyers.

L'église du couvent, ornée avec assez d'éclat, offre sur les murs des tableaux ou des peintures à la manière des Grecs modernes; on y a retracé l'image des principaux anachorètes qui ont passé dans cette retraite, et différentes scènes tirées des livres saints. Au milieu d'une cour, tenue avec une propreté extrême, s'élève une petite chapelle, renfermant le tombeau de saint Saba; ce n'est qu'un sépulcre vide, car Venise reçut ses dépouilles sacrées. La petite chapelle, de construction récente, est richement décorée, une lampe y brûle nuit et jour; la face du Sauveur, peinte en traits éblouissants, occupe tout le plafond de cet oratoire. A côté de la chapelle, les pauvres frères ont leur caveau sépulcral; les autres principales chapelles du couvent sont celles de Saint-Georges et de Saint-Jean Damascène, surnommé Fleuve-d'Or.

En quittant le couvent, on reprend sa route au levant pour arriver au désert affreux où s'étend la mer Morte, ce lac maudit, dont aucun vaisseau n'a sillonné les ondes, dont les bords n'offrent aucune verdure, dont les eaux empoisonnées sont tellement pesantes, que les vents les plus impétueux ne peuvent les soulever.

« Le lac fameux, dit M. de Châteaubriand, qui occupe l'emplacement de Sodome et de Gomorrhe, est nommé *mer Morte* ou *mer Salée* dans l'Écriture, *Asphaltite* par les Grecs et les Latins. Je ne puis être du sentiment de ceux qui supposent que la mer Morte n'est que le cratère d'un volcan. J'ai vu la plus grande partie des volcans ignifères ou éteints de l'Europe, j'ai partout remarqué les mêmes caractères, c'est-à-dire des montagnes creusées en entonnoir, des laves et des cendres où l'action du feu ne se peut méconnaître. La mer Morte, au contraire, est un lac assez long, courbé en arc, encaissé entre deux chaînes de montagnes qui n'ont entre elles aucune cohérence de forme, aucune homogénéité du sol. Elles ne se rejoignent point aux deux extrémités du lac ; elles continuent, d'un côté à border la vallée du Jourdain, en se rapprochant vers le nord jusqu'au lac de Tibériade, et de l'autre, elles vont, en s'écartant, se perdre au midi dans les sables de l'Yémen. Il est vrai qu'on trouve du bitume, des eaux chaudes et des pierres phosphoriques dans la chaîne des montagnes de l'Arabie ; mais je n'en ai point vu dans la chaîne opposée. D'ailleurs, la présence des eaux thermales, du soufre et de l'asphalte ne suffit point pour attester l'existence antérieure d'un volcan. C'est dire assez que, quant aux villes abîmées, je m'en tiens au sens de l'Écriture, sans appeler la physique à mon secours. D'ailleurs, en adoptant l'idée des savants allemands, la physique peut encore être admise dans la catastrophe des villes coupables, sans blesser la religion. Sodome était bâtie sur une carrière de bitume, comme on le sait par le témoignage de Moïse, qui parle des puits de bitume de la vallée de Siddim. La foudre alluma ce gouffre, et les villes s'enfoncèrent dans l'incendie souterrain. Malte-Brun conjecture très-ingénieusement que Sodome et Gomorrhe pouvaient être elle-mêmes bâties en pierres bitumineuses, et s'être enflammées au feu du ciel.

« La Genèse ne nomme que les deux villes de Sodome et de Gomorrhe comme détruites par la colère de Dieu; le Deutéronome en ajoute deux autres, Adam et Seboïm; le livre de la Sagesse en compte cinq sans les désigner.

« Plusieurs voyageurs, entre autres Troïlo et d'Arneux, disent avoir remarqué des débris de murailles et de palais dans les eaux de la mer Morte; ce rapport semble confirmé par Maundrell et par le père Nau. Les anciens sont plus positifs à ce sujet : Josèphe, qui se sert d'une expression poétique, dit qu'on apercevait au bord du lac les *ombres* des cités détruites. Strabon donne soixante stades de tour aux ruines de Sodome; Tacite parle de ces débris, je ne sais s'ils existent encore, je ne les ai point vus; mais comme le lac s'élève ou se retire suivant les saisons, il peut cacher ou découvrir tour à tour les squelettes des villes réprouvées.

« Personne jusqu'à présent n'a fait le tour de la mer Morte, si ce n'est Daniel, abbé de Saint-Saba. Nau a conservé le récit de ce solitaire : nous apprenons, par ce récit, que la mer Morte à sa fin est comme séparée en deux, et qu'il y a un chemin par où on la traverse, n'ayant de l'eau qu'à demi jambe, au moins en été; que là la terre s'élève et borne un autre petit lac de figure ronde un peu ovale, entouré de plaines et de montagnes de sel; que les campagnes des environs sont peuplées d'Arabes sans nombre, etc., etc. »

M. Poujoulat a également vu la mer Morte : dans une lettre à M. Michaud, où il lui raconte son excursion, il relève plusieurs erreurs accréditées sur le lac ; M. de Châteaubriand lui-même avait déjà noté les plus remarquables ; nous avons préféré les observations de M. Poujoulat, parce qu'elles nous semblent plus positives et plus concluantes.

« J'ai visité, dit-il, la mer Morte à trois quarts de lieue à l'ouest de l'embouchure du Jourdain, il était sept heures du matin : une brise légère soufflait alors, la surface du lac en était ridée, et ses ondes battaient paisiblement la rive ; la mer n'exhale ni vapeur, ni fumée, l'air est pur autour d'elle, les flots sont aussi brillants, aussi azurés que ceux de l'Archipel et de l'Hellespont ; ce qu'on dit de l'amertume et du mauvais goût de ces eaux est parfaitement exact, j'en ai goûté dans le creux de ma main, et j'en ai eu le cœur malade pendant un quart d'heure. Une blanche bordure de sel entoure le lac et se mêle à un bitume rougeâtre déposé par les eaux. J'ai vu sur la rive de petits coquillages et des cailloux comme on en voit sur le rivage des mers. Nos savants naturalistes se demandent encore s'il existe des poissons dans la mer Morte, je puis vous donner la solution de ce problème : oui, il existe des poissons dans la mer Morte, ils sont en général maigres et petits ; le guide qui m'accompagnait et deux de ses cavaliers Arabes m'ont dit qu'ayant voulu un jour en manger, ils leur trouvèrent un goût si empesté, qu'ils furent obligés de les jeter. J'aurais bien voulu me baigner dans cette mer, pour résoudre par moi-même la question de savoir si l'eau est assez pesante pour soutenir le corps de l'homme ; je craignais le retour de la fièvre et je n'ai point osé entrer dans le lac; mais l'un des voyageurs anglais, qui étaient de notre caravane, a fait devant moi cette expérience : il s'est étendu sur l'eau, cherchant à s'enfoncer, et j'ai vu son corps flotter à la surface comme un tronc d'arbre. On trouve dans quelques endroits du lac des ulves aux lanières longues et déliées comme dans nos lacs et nos étangs d'Europe. Je n'ai point vu la caille d'Arabie dont parlent quelques voyageurs, la même, dit-on, qui nourrit les Hébreux dans le désert.

« Je regarde comme une chose importante de pouvoir vous assurer qu'il existe dans la mer Morte des poissons, des coquillages, des ulves : on pourrait attribuer le mauvais goût de ses eaux à leur immobilité. Cette mer, déjà chargée de sel et de bitume, doit s'empester sans cesse par l'inévitable corruption de tout ce qu'elle produit.

« Il appartient à notre siècle, où le génie des découvertes étend au loin son empire, de pénétrer tous les mystères qui environnent les eaux de ce désert; si le destin venait à livrer cette contrée à un pouvoir ami de la civilisation, on verrait des barques, montées par de hardis explorateurs, sillonner pour la première fois les ondes épaisses de la mer maudite; de quel intérêt seraient pour le monde savant une géographie complète de la mer Morte, une description générale de ses poissons, de ses coquillages et de ses ulves!

« Je ne crois pas qu'il existe dans tout l'univers des lieux plus capables de frapper l'imagination que la mer Morte et les terres d'alentour; cette vallée, dont la face a été flétrie et dévorée, est comme remplie d'une grande et sublime terreur. Cette mer est véritablement une mer morte, car elle ne jette à la terre aucun bruit, elle est immobile et muette comme un sépulcre : on dirait un de ces lacs funèbres que l'antique poésie avait placés dans le royaume des morts. Lorsque, sous le souffle de la tempête, la mer de Sodôme parfois est ébranlée, son mugissement sourd doit ressembler à de longs cris étouffés; vous diriez les sanglots et les gémissements des nations englouties dans l'abîme, les voix suppliantes de Gomorrhe et de ses sœurs. Abraham dut être témoin d'un bien effroyable spectacle, lorsque, un matin, il vit du haut de ses collines de Mambré les cinq villes enveloppées dans des tourbillons de flammes, la terre de Galgale et de Siddim changée en un fleuve de feu, lorsque le vent d'Orient, soufflant au lever du soleil, lui apporta les lamentations et les hurlements de la vallée. Quel épouvantable matin! les cités de la vallée s'étaient endormies au milieu des festins et dans le délire des voluptés, et voilà qu'à leur réveil elles virent sur leur tête, au lieu d'un ciel d'azur, un ciel rouge et noir! au lieu d'une terre riante, l'enfer autour d'elles!... Si j'étais peintre comme vous, j'aurais là des horreurs sublimes à retracer, mais toutes mes paroles me semblent vaines en présence du lac où dorment les cités et les peuples, sur ce sol livide où le vent de la colère a passé, devant ces montagnes brunes et dépouillées qui gardent encore l'empreinte de la foudre. »

Il n'est point de lecteur qui n'ait entendu parler du fameux arbre de Sodôme : cet arbre porte, dit-on, une pomme agréable à l'œil, mais amère au goût et pleine de cendres. Tacite, dans le cinquième livre de son *Histoire*, et Josèphe dans sa *Guerre des Juifs*, sont les deux premiers auteurs qui aient fait mention des fruits singuliers de la mer Morte. Foucher de Chartres, qui voyageait en Palestine vers l'an 1100, vit la pomme trompeuse et la compare aux plaisirs du monde. Depuis cette époque, d'autres voyageurs confirmèrent le récit de Foucher; plusieurs n'y voient qu'une image poétique de nos fausses joies et doutent absolument de son existence.

Amman semble trancher la difficulté : il décrit l'arbre qui ressemble à une aubépine; le fruit est une petite pomme d'une belle couleur.

Le botaniste Hasselquist, qui, par la nature même de ses connaissances spéciales, devait mériter une certaine confiance, prétend que la pomme de Sodôme est le fruit du *Solanum melongena*. « On en trouve, dit-il, quantité près de Jéricho, dans les vallées qui sont près du Jourdain, dans le voisinage de la mer Morte; il est vrai qu'ils sont quelquefois remplis de poussière, mais cela n'arrive que lorsque le fruit est attaqué par un insecte qui convertit tout le dedans en poussière, ne laissant que la peau entière, sans lui rien faire perdre de sa couleur. »

Un autre savant, M. Sutzin, ne s'accorde point avec Hasselquist : « Je vis, dit-il, pendant mon séjour à Karrak, chez le curé grec de cette ville, une espèce de coton ressemblant à la soie; ce coton vient dans la plaine d'El Goc à la partie orientale de la mer Morte, sur un arbre pareil au figuier; on le trouve dans un fruit ressemblant à la grenade. J'ai pensé que ces fruits, qui n'ont point de chair intérieurement et qui sont inconnus dans tout le reste de la Palestine, pourraient bien être les fameuses pommes de Sodôme. »

D'un autre côté, M. de Châteaubriand croit avoir trouvé le fruit tant recherché : « L'arbuste qui le porte, dit-il, croît partout à deux ou trois lieues de l'embouchure du Jourdain, il est épineux et ses feuilles sont grêles et menues ; il ressemble beaucoup à l'arbuste décrit par Amman : son fruit est tout à fait semblable, en couleur et en forme, au petit limon d'Égypte ; lorsque le fruit n'est pas encore mûr, il est enflé d'une chair corrosive et salée ; quand il est desséché, il donne une semence noirâtre qu'on peut comparer à des cendres, et dont le goût ressemble à un poivre amer. »

Après avoir terminé son examen de la mer Morte, M. de Châteaubriand se remit en route. « Nous avancions vers un petit bois d'arbres de baume et de tamarin qu'à mon grand étonnement je voyais s'élever au milieu d'un sol stérile ; tout à coup les guides s'arrêtèrent et me montrèrent de la main, au fond d'une ravine, quelque chose que je n'avais pas aperçu. Sans pouvoir dire ce que c'était, j'entrevoyais comme une espèce de sable en mouvement sur l'immobilité du sol. Je m'approchai de ce singulier objet, et je vis un fleuve jaune que j'avais peine à distinguer de l'arène de ses deux rives ; il était profondément encaissé et coulait avec lenteur une onde épaisse, c'était le Jourdain.

« J'ai vu les grands fleuves de l'Amérique avec le plaisir qu'inspirent la solitude et la nature ; j'avais visité le Tibre avec empressement et recherché avec le même intérêt l'Eurotas et le Céphise, mais je ne puis dire ce que j'éprouvai à la vue du Jourdain. Non-seulement ce fleuve me rappelait une antiquité fameuse et un des plus beaux noms que jamais la plus belle poésie eût confiée à la mémoire des hommes, mais ses rives m'offraient encore le théâtre des miracles de ma religion. La Judée est le seul pays de la terre qui retrace aux voyageurs le souvenir des affaires humaines et des choses du ciel, et qui fasse naître au fond de l'âme, par ce mélange, un sentiment et des pensées qu'aucun lieu ne peut inspirer. Je puisai de l'eau du fleuve, elle ne me parut pas aussi douce que du sucre, ainsi que le dit un bon missionnaire, je la trouvai au contraire un peu saumâtre.

« A environ deux lieues de cet endroit, j'aperçus plus haut, sur le cours du fleuve, un bocage d'une grande étendue. Je le voulais visiter, car je calculai que c'était à peu près là, en face de Jéricho, que les Israélites passèrent le fleuve, que la manne cessa de tomber, que les Hébreux goûtèrent les premiers fruits de la terre promise, que Naaman fut guéri de la lèpre, et qu'enfin Jésus-Christ reçut le baptême de la main de saint Jean-Baptiste. Nous marchâmes vers cet endroit pendant quelque temps; mais comme nous en approchions, nous entendîmes des voix d'hommes dans le bocage. Malheureusement la voix de l'homme qui vous rassure partout, et que vous aimeriez à entendre au bord du Jourdain, est précisément ce qui vous alarme dans les déserts; il fallut s'arrêter. »

Plus heureux que son illustre devancier sur ces bords, M. Poujoulat a pu visiter ce lieu consacré par tant de souvenirs et l'embouchure du fleuve dans la mer Morte, voici son récit : « Le Jourdain, en se jetant dans la mer Morte, élargit son lit, et devient peu profond (plus haut il a de six à sept pieds de profondeur et cinquante pas de largeur). Là les bords sont fangeux et couverts de roseaux; des troupes de canards sauvages battaient de leurs ailes les flots de l'embouchure, et plusieurs s'envolaient au-dessus du lac. Là le Jourdain est guéable, et les bédouins ont placé en travers, sur un lit de boue, des faisceaux de roseaux qui servent comme de passage. Mais ce lieu ne m'offrait pas assez d'intérêt, je demandai à être conduit au rivage consacré par le baptême du Sauveur. Nous suivions les rives à des distances plus ou moins rapprochées, le fleuve serpente sous une double ligne de saules et de roseaux, nous nous avancions sur une terre sablonneuse où croissent çà et là des touffes de tamarin, de palma-christi, et d'agnus-castus.

« Une marche de trois heures sous un soleil qui embrasait le sable autour de nous nous a conduits dans le lieu révéré. A peine arrivés, les pèlerins qui m'accompagnaient, quittant leurs vêtements, et poussant des cris d'allégresse, sont entrés dans le fleuve; chaque chrétien a plongé trois fois sa tête dans l'onde sacrée en faisant des signes de croix ; des prêtres grecs répandaient eux-mêmes l'eau baptismale sur la tête de plusieurs pèlerins.

« Cet endroit du fleuve, qui est devenu comme un sanctuaire, est entouré de grands saules et d'arbustes qui lui donnent une riante physionomie. Ce lieu a toujours été un lieu saint pour les disciples de l'Évangile; dans les premiers siècles de l'Église, c'est là que les fidèles accouraient des pays les plus lointains pour régénérer leur foi. Pendant le moyen âge, que de chrétiens d'Occident sont venus visiter ces bords ! Un souvenir littéraire se mêle ici à nos souvenirs religieux. M. de Châteaubriand a placé en cet endroit la scène du baptême de Cymodocée, l'héroïne du poëme des *Martyrs*. Saint Jérôme est appelé à verser sur le front de la jeune vierge l'eau du fleuve régénérateur. »

En reprenant le chemin de Jérusalem, on arrive à Jéricho, située à deux lieues de la mer Morte. Cette ville, dont les murailles tombèrent au bruit des trompettes et aux cris de joie du peuple hébreu, tour à tour prise et reprise, détruite et relevée par les conquérants de tous les âges, s'est toujours trouvée mêlée aux grands événements qui se sont passés dans le pays. Les prophètes Élie et Élisée ont laissé des souvenirs dans la cité de Jéricho. Ce lieu a été consacré aussi par les pas du Christ.

Un misérable village appelé *Rihha* (odeur), formé de cabanes et de huttes de bois, remplace la ville de Josué et de Vespasien. Rahhah dans la langue des Hébreux a la même signification que Rihha dans la langue arabe, et l'on sait que Rahhah est le nom de la femme de Jéricho qui donna asile aux espions de Josué. Ainsi, la tradition musulmane conserve les souvenirs de l'histoire sacrée d'Israël.

La petite Jéricho arabe est entourée de sycomores, de plantes de baumes, de nopals qui servent comme de clôture aux champs et aux jardins ; quelques espaces de terre sont semés d'orge et de blé. Il n'y a pas un seul palmier dans les lieux où s'élevait la cité des palmes ! on ne trouve plus de ces roses qui ont donné matière à tant de merveilleux récits. Jéricho a perdu ses roses comme ses palmiers, et tout cela ne se retrouve plus que dans les livres saints et dans les vieilles relations.

Le territoire de Jéricho offre trois espèces d'arbres qui ne se rencontrent point ailleurs ; l'un, assez semblable au prunier, s'appelle *zaccoum*; on tire du fruit de cet arbre une huile vulnéraire, très-estimée dans la contrée; la plupart des rosaires qu'on vend à Jérusalem sont faits avec les noyaux de ce fruit. Les rameaux du zaccoum sont épineux. Nous avons dit que, d'après une tradition chrétienne, la couronne d'épines placée sur la tête de l'Homme-Dieu avait été tressée avec le feuillage du zaccoum. La seconde espèce d'arbre se nomme *dom*; le dom porte un fruit rouge qu'on mange dans le pays; ses branches sont épineuses comme celles du zaccoum. La troisième espèce d'arbre, appelée *hadag*, présente de très-petites feuilles et un branchage hérissé de pointes aiguës; son fruit, un peu moins gros qu'une noix, est de forme ronde et de couleur jaune, l'intérieur est sans noyaux et plein de chair mêlée de graines; au temps de sa maturité, le fruit du hadag garde son éclat, et tout ce qu'il renferme se change en poussière noire. Cette description se rapporte à celle que M. de Châteaubriand a donnée de la pomme de Sodôme; on connaîtrait alors le nom arabe de cet arbre, resté inconnu à l'illustre voyageur.

A deux milles au-dessus de Jéricho, on voit la fontaine *d'Élisée*; cette source d'abord semblable à une petite rivière, est bientôt après réduite à un ruisseau qui se partage en trois branches. Ses eaux autrefois amères furent adoucies par un miracle du prophète dont elle porte le nom; elle est ombragée par un bosquet de doms; ses bords sont fertiles et bien cultivés.

En allant de la fontaine d'Élisée à la montagne de la *Quarantaine*, on rencontre des débris d'aqueducs et les restes d'un monastère. Le mont où Jésus-Christ jeûna pendant quarante jours est un grand bloc de marbre de forme triangulaire, dont les teintes jaunes et grises produisent un effet lugubre ; l'œil ne découvre sur ses flancs escarpés ni arbuste, ni herbe, ni aucune trace de vie ; ce mont sacré porte sa tête au-dessus de tous les monts voisins ; des cellules taillées dans le roc, des grottes qui conservent des débris d'autels rappellent aux voyageurs que là vécurent jadis des anachorètes chrétiens. La grotte qui reçut le Sauveur se trouve au sommet du mont, dans les régions les plus inaccessibles. C'est du haut de cette montagne que l'esprit des ténèbres montrait au fils de Marie les contrées qui l'environnaient, en lui disant : *Je te donnerai tous ces royaumes si tu tombes à mes pieds pour m'adorer.*

Le chemin que l'on suit dans la montagne à gauche du mont de la Quarantaine, est large et quelquefois pavé ; c'est peut-être une ancienne voie romaine, dit M. de Châteaubriand.

« Nous passâmes, dit le même écrivain, à Bahurem, où David, fuyant devant Absalon, faillit d'être lapidé par Seméi. Un peu plus loin nous nous rafraîchîmes à la *fontaine des Apôtres* où Jésus-Christ avait coutume de se reposer avec ses disciples en revenant de Jéricho. Enfin nous rentrâmes à Jérusalem. »

Il est d'autres pays situés au nord de la ville sainte, qui sont journellement visités par les pèlerins ; plus loin est celui d'Hébron où peu de voyageurs ont porté leurs pas. M. Poujoulat ayant tenté cette pénible et périlleuse excursion, nous allons en rendre compte en suivant son récit, mais d'abord nous commencerons à aller avec lui dans le désert de Saint-Jean, si rempli de pieux souvenirs.

La vallée qui a reçu le nom de *désert de Saint-Jean* est à une heure et demie à l'occident de Jérusalem. A moitié chemin sont les ruines du monastère grec de Sainte-Croix, édifice bâti à côté d'un verger d'oliviers qui, d'après la tradition, fournit le bois de la croix du Sauveur.

Ce qu'on appelle le désert de Saint-Jean n'est point une terre sauvage, sans arbres et sans culture, abandonnée aux bêtes fauves et aux oiseaux de proie; le désert qui cacha l'enfance et la jeunesse du précurseur est une de ces charmantes solitudes dans lesquelles on aimerait à passer ses jours : ce sont des vallons parés d'arbustes et de fleurs, des champs d'orge et de blé, une douce et vivante nature qui semble tout à coup vous séparer des régions que Jéhovah a maudites. On rencontre dans la vallée une grande quantité de caroubiers. La grotte qu'habita jadis Jean-Baptiste est une roche creuse et blanchâtre, suspendue aux flancs d'un coteau élevé; au-dessus de la grotte, les restes d'une église; à côté une fontaine où s'abreuvait le fils de Zacharie. Le désert de Saint-Jean n'offre aucune cabane, aucune espèce d'habitation; les passereaux, les alouettes et les rossignols sont les seuls êtres qui animent cette solitude; leurs chants joyeux se mêlent à cette *voix du désert* qui semble redire encore à l'oreille du pèlerin : *Préparez la voie du Seigneur, rendez droits ses sentiers.*

A une demi-heure à l'est du désert de Saint-Jean, se trouve un village de ce nom, habité par environ deux cents familles, dont une quinzaine seulement sont catholiques. Les religieux latins y possèdent un couvent.

Le monastère est situé au milieu du village ; c'est un édifice remarquable, élevé sur une vaste plateforme qui permet de le reconnaître à une grande distance. L'église, profanée par les infidèles, était restée longtemps dans un état de ruine. Louis XIV la retira de leurs mains, la fit restaurer et orner de de telle manière, qu'elle est aujourd'hui une des plus belles de l'Orient.

L'emplacement de la maison de Zacharie où naquit saint Jean-Baptiste, se trouve dans l'église même. On y a construit un sanctuaire semblable à la plupart de ceux qu'on voit en Palestine. On y descend par un escalier de marbre, et l'on arrive à un autel où les Pères disent chaque jour la messe. Ce sanctuaire est entouré de magnifiques bas-reliefs représentant la naissance du précurseur, le baptême de Jésus-Christ et la mort du saint ; au milieu et dans le pavé est incrusté un marbre rond sur lequel on lit l'inscription suivante :

HIC PRÆCURSOR DOMINI NATUS EST.

Sur l'emplacement de la maison de campagne de Zacharie, sainte Hélène avait fait bâtir une fort belle église dont il reste aujourd'hui des ruines considérables, au milieu desquelles s'élèvent de grands arbres dont l'un domine tous les autres. En parcourant ces débris dont l'aspect est vraiment pittoresque, on arrive à une espèce de chapelle ouverte, au fond de laquelle est un autel formé de plusieurs pierres grossièrement placées les unes au-dessus des autres. Les religieux du Saint-Sépulcre s'y rendent chaque année en pèlerinage, et y célèbrent le saint sacrifice de la messe, le jour de la *Visitation*. « Cette chapelle, dit le Père Géramb, est à l'endroit même où sainte Élisabeth rencontra celle qui portait dans son sein le Sauveur des hommes, et à qui l'Esprit-Saint inspira le cantique admirable dont les paroles prophétiques, repétées d'âge en âge, retentissent depuis dix-huit cents ans dans toutes les solennités de l'église chrétienne. »

Le village de Béthanie est situé à une heure de la ville, au delà de la montagne des Oliviers. Béthanie, appelé aujourd'hui *Lazarié*, est un village arabe habité par une trentaine de pauvres familles; les huttes ou les grottes, qui servent d'habitation à ces familles, ressemblent plutôt à des cavernes d'animaux qu'à des demeures d'hommes. Deux choses sont remarquables à Béthanie : le *tombeau de Lazare* et les ruines d'un grand édifice que tous les voyageurs appellent le *Château de Lazare*, et qui n'est autre chose qu'un ancien monastère du royaume de Jérusalem, bâti par Mélisende, femme de Beaudoin III. La grotte sépulcrale qui porte le nom de Lazare n'offre rien de curieux ; on trouve au fond un autel de chétive apparence sur lequel on dit la messe tous les ans.

« Les ruines du monastère de Mélisende m'ont d'autant plus intéressé, dit M. Poujoulat, que je peux les regarder comme une de mes découvertes. Voilà en deux mots l'histoire de cette abbaye qu'on appelait l'abbaye de Saint-Lazare. Mélisende avait une sœur, nommée Yvette, vouée à la vie religieuse dans l'abbaye de Sainte-Anne, à Jérusalem ; comme Yvette n'était point à la tête de cette communauté, il ne parut pas convenable à Mélisende que la fille d'un roi fût soumise à la loi monastique comme une simple fille du peuple; la reine fit construire alors un couvent à Béthanie, pour lequel elle choisit une abbesse d'un âge fort avancé; celle-ci, n'ayant pas tardé à mourir, fut remplacée par la jeune Yvette. Mélisende avait obtenu des chanoines du Saint-Sépulcre la cession de Béthanie, qui était un de leurs apanages. De grands fossés et de fortes tours défendaient le monastère, exposé aux attaques des Arabes ennemis de la croix. Guillaume de Tyr, à qui j'emprunte ces différents détails, nous apprend que, pour ce qui est des biens temporels, aucun monastère d'hommes et de femmes n'égalait celui de Béthanie; Mélisende concéda à la nouvelle abbaye la ville de Jéricho et toutes ses dépendances; elle l'enrichit de vases sacrés en or, de draperies en soie, d'ornements sacerdotaux de tout genre. Les débris de ce couvent sont semblables aux débris d'une forteresse; des tours et des murailles renversées, des fossés comblés par la terre ou les décombres annoncent encore que cette pieuse retraite des vierges latines était un vrai château de guerre, capable de soutenir un siége. »

Lorsqu'on prend la route qui conduit à Hébron, le premier objet remarquable qu'on rencontre est la montagne où fut Thécua. Les terres environnantes sont pierreuses, incultes et inhabitées. Une étroite et longue vallée, nommée la *Vallée-Perdue*, mène à l'emplacement de la ville qui fut la patrie du prophète Amos. Quelques débris de murs, une trentaine de citernes vides, voilà ce qui reste de la cité. Une fontaine baptismale en porphyre, revêtue de fleurs de lis, indique la place de l'ancienne église de Saint-Nicolas. Ces fleurs de lis rappellent que Thécua a été une ville française alors que l'épée de notre nation régnait sur cette terre maintenant abandonnée.

On trouve à peu de distance de Thécua une grande caverne appelée par les Latins *Il Labirinto*, qui consiste en d'immenses grottes creusées dans le roc, et dont on ne pourrait parcourir les détours en une journée de marche.

A une vingtaine de pas au-dessous du labyrinthe, le voyageur découvre un site agréable qui contraste avec le sombre aspect de la vallée. C'est un terrain uni et couvert de gazon, coupé par un large roc qui s'élève à fleur de terre, et qui semble avoir été fait pour servir de siége. Ce lieu est dominé par un rocher à surface plate, grand comme une montagne, d'où s'échappe une source d'eau pure.

Au sortir du vallon, en cheminant vers le nord-est, on arrive, après trois quarts d'heure de marche, à la montagne nommée par les chrétiens du pays le *mont Français* ou le *mont de Béthulie*. Le mont Français se détache entièrement des montagnes voisines et les domine toutes par sa hauteur; le sommet en est remarquable en ce qu'il présente une rotondité parfaite. Parvenu sur la cime du mont, on trouve les vestiges d'une forteresse; des pierres de taille remplissent l'excavation profonde qui fut pratiquée pour poser les fondements de la citadelle. Tout autour du sommet, on reconnaît les traces d'une muraille qui entourait le fort. Quelques restes de murs pendent au penchant de l'excavation; à côté, une voûte vous mène à une citerne. Au pied de la montagne, du côté du nord, il y a une porte conduisant à des chambres ouvertes dans les flancs du mont.

M. Poujoulat, au sujet de cette montagne, rapporte une anecdote et fait des réflexions que nous ne pouvons nous empêcher de citer. « Plusieurs Bédouins ont demandé à mes Bethléémites si du moins j'avais acheté à prix d'argent la liberté de traverser des terres qui ne m'appartiennent pas. Mes compagnons leur ont répondu fièrement que la terre que je foulais était une terre française, et que le maître ne payait point pour visiter ses domaines. Cette réponse, inspirée par les nobles souvenirs de la France, prouve que les traces de nos vieilles croisades ne sont point effacées sur le sol de la Palestine ; ce soleil de gloire qui jaillit autrefois de l'éclatante épée de nos anciens preux, n'aura point de couchant sous le ciel de la Judée. »

Le chemin qui mène de Thécua à Hébron passe par des montagnes et des vallées couvertes de vignobles, de chênes et de sapins ; c'est un pays continuellement boisé, offrant en quelques endroits les traces d'une culture soignée. En quittant Thécua, on laisse à une demi-heure à l'ouest les ruines de l'église de Saint-Pantaléon sur le sommet d'une colline, près le village de *Séphir*, autour duquel il y a des rochers percés de tombeaux.

Plusieurs villages avoisinent Hébron : le *Village de la Vierge*, où s'arrêta, dit-on, Marie, quand elle fuyait vers l'Egypte, puis le village de la Fontaine d'Abraham sont les endroits les plus remarquables qu'on rencontre ; près du Village de la Vierge, il y a une citerne qui porte encore le nom de Sara.

Un vieux voyageur français, Antoine Regnaut, *bourgeois de Paris*, qui, à la faveur d'une caravane nombreuse et bien armée, alla de Béthléem à Hébron, nous dit, dans son langage du seizième siècle, que *au dict lieu de Ebron, à voir il y a belle ville et belles maisons ;* ce que le vieux voyageur de Paris appelait *belle ville et belles maisons*, est une cité plus propre et un peu mieux bâtie que ne sont la plupart des cités de ces contrées. Hébron couvre le penchant d'une colline; le nombre de ses habitants ne s'élève pas au delà de quatre mille ; un quart de la population appartient à la nation Israélite, le reste est Arabe et musulman. Point de chrétiens à Hébron, les disciples du Coran ne peuvent y supporter la présence des disciples de l'Évangile. Le quartier Juif, qui, dans toutes les cités d'Orient, n'a que des misères à offrir au voyageur, se distingue ici par la blancheur des maisons et une propreté rare; on croirait que les tombeaux d'Abraham, d'Isaac et de Jacob ont valu aux Israélites d'Hébron de précieux priviléges. Ni murailles ni tours ne protègent la cité; une espèce de château y tient lieu de tout appareil militaire. Le territoire suffit pour nourrir les habitants. Quelle différence entre les bazars d'Hébron et ceux de Jérusalem : ici les vivres abondent, on s'aperçoit qu'on foule un sol fertile, une terre qui sourit à l'homme. La ville a des manufactures de bracelets et de lampes de verre; les caravanes portent ces lampes en Égypte, et les bracelets de verre bleu vont parer les bras de toutes les femmes Arabes dans les cités, dans les villages et au désert.

Hébron n'a qu'un seul édifice remarquable, c'est la mosquée qui renferme les tombeaux des principaux patriarches; l'accès en est sérieusement interdit à tout chrétien; Ali-Bey l'a visitée, et sa description est la seule qui existe de ces vénérables sanctuaires; la voici : « Les sépulcres d'Abraham et de sa famille sont dans un temple qui était jadis une église grecque. Pour y arriver, on monte un large et bel escalier qui conduit à une longue galerie, d'où l'on entre dans une petite cour; vers la gauche est un portique appuyé sur des piliers carrés. Le vestibule du temple a deux chambres, l'une à droite qui contient le sépulcre d'Abraham, et l'autre à gauche qui renferme celui de Sara. Dans le corps de l'église, qui est gothique, entre deux gros piliers à droite, on aperçoit une maisonnette isolée, dans laquelle est le sépulcre d'Isaac, et dans une autre maisonnette pareille, sur la gauche, celui de sa femme. Cette église, convertie en mosquée, a son méhereb, sa tribune pour la prédication des vendredis, et une autre tribune pour les muddens ou chanteurs. De l'autre côté de la cour est un autre vestibule qui a également une chambre de chaque côté. Dans celle de gauche est le sépulcre de Jacob, et dans celle de droite celui de sa femme.

« A l'extrémité du portique du temple, sur la droite, une porte conduit à une espèce de longue galerie qui sert encore de mosquée; de là on passe dans une autre chambre où se trouve le sépulcre de Joseph, mort en Égypte, et dont la cendre fut apportée par le peuple d'Israël; tous les sépulcres des patriarches sont couverts de riches tapis de soie verte, magnifiquement brodés en or; ceux des femmes sont rouges, également brodés; les sultans de Constantinople fournissent ces tapis qu'on renouvelle de temps en temps : j'en comptai neuf l'un sur l'autre au sépulcre d'Abraham. Les chambres où sont les tombeaux sont aussi couvertes de riches tapis; l'entrée en est défendue par des grilles en fer et des portes en bois, plaquées en argent, avec des serrures et des cadenas du même métal; pour le service du temple, on compte plus de cent employés. »

A l'ouest d'Hébron on retrouve une mosquée qui marque la place occupée par la tente d'Abraham, et des chênes qui poussent encore en cet endroit rappellent ceux qui entouraient la demeure du saint patriarche.

Il y a environ une quinzaine d'années, quatre Anglais, MM. Bankes, Legh, Toby et Mangles parcoururent le désert qui s'étend entre Hébron et la mer Morte. Après un voyage de trois jours, toujours au sud, ils arrivèrent aux ruines d'Abdi dans le désert, puis marchant vers Kerek, objet de leurs recherches, ils s'avancèrent dans la direction du lac Asphaltite, à travers un pays peu intéressant, quoique bien cultivé. Ils observèrent plusieurs ruines avec des tombeaux souterrains dans le voisinage, ce qui semblait indiquer une ancienne ville. Après s'être portés huit ou neuf milles en avant, ils arrivèrent sur les confins d'un vaste désert. A l'endroit où le pays change ainsi d'aspect, est un lieu nommé par les Bédouins Al-Baid, où il y a une fontaine dans un rocher et un puits d'eau verdâtre.

A quelque distance de cet endroit, ils rencontrèrent un camp d'Arabes qui leur dirent que pendant les années de disette ils se retiraient en Égypte, usage qu'avaient autrefois les patriarches. A huit heures de Al-Baid il y a une vallée stérile où se voient les ruines d'un fort turc situé sur une roche solitaire, à une hauteur considérable. Ce rocher présente des excavations; il est présumable que ce fort avait été construit pour exiger un droit des voyageurs; ce lieu est nommé *El Zowar* ou *El Ghor*. Un ravin sablonneux conduit à une plaine d'une immense étendue et à l'extrémité sud de la mer Morte. Burckhard est le premier qui ait fait mention de cette vallée, s'étendant de la mer Morte au golfe Salanitique ; l'existence de cette vallée, combinée avec la disposition du lit du Jourdain, est une preuve qu'autrefois ce fleuve déchargeait ses eaux dans cette branche de la mer Rouge. Ce changement doit être attribué à la grande catastrophe qui engloutit les villes du Pentapole et donna naissance à la mer Asphaltite.

Ici se termine ce que nous avions à dire sur les parties de la Judée situées au sud et à l'est de Jérusalem, car celles qui s'étendent entre Gaza et la mer Morte n'ont pas encore été explorées; il nous reste maintenant à faire connaître le pays situé au nord-ouest; cette description sera le sujet de notre dernier chapitre.

CHAPITRE VIII.

DESCRIPTION DE LA JUDÉE AU NORD-OUEST DE JÉRUSALEM.

Grotte de Jérémie. — Sépulcres des rois. — Cavernes royales. — Tombeaux des juges. — Anecdote. — Villages de Bir, de Liban. — Fontaine de Jacob. — Vallée de Sichem. — Route de Naplouse. — Naplouse. — Le mont Garizim. — Samarie. — Église de Saint-Jean-Baptiste. — Divers villages. — Ruines de Geraza. — La rivière Jabbok. — Souf. — Ruines de Gamala. — Lac de Génésareth. — Tibériade. — Capharnaüm. — Le Thabor. — Nazareth. — Monastère. — Église de l'Incarnation. — Maison de Joseph. — Église de la Salutation. — Boutique de Saint-Joseph. — Synagogue. — Mont du Précipice. — Table du Christ. — Fontaine de la Vierge. — Cana. — Sources du Jourdain. — Discussion sur le territoire de Don et sur les limites du royaume d'Israël. — Ruines de Balbek. — Cèdres de Salomon. — Vallée des Saints. — Séphora. — Vallée de Zabulon. — Le mont Carmel. — Conclusion.

En sortant de Jérusalem par la porte de Damas, on voit d'abord une grotte également révérée des chrétiens, des Turcs et des Juifs; c'est celle qui pendant quelque temps servit de retraite au prophète Jérémie, dont elle porte le nom, et où il composa ses *Lamentations*, puis marchant pendant un demi-mille sur le plateau d'un rocher rougeâtre où l'œil n'aperçoit çà et là que quelques oliviers, on arrive au milieu d'une excavation assez semblable aux travaux abandonnés d'une ancienne carrière; un chemin large et en pente douce conduit au fond de cette excavation, où l'on entre par une arcade; on se trouve alors au centre d'une salle découverte, taillée dans le roc. Cette salle a trente pieds carrés, et les parois du rocher ont quinze pieds d'élévation ; c'est en quelque sorte le péristyle de ce qu'on nomme les *sépulcres des rois.*

On y pénètre par une grande porte carrée d'ordre dorique, surmontée d'une frise sculptée avec un goût et une légèreté remarquables, autant qu'on en peut juger par les fragments qui en sont conservés, et qui représentent une suite de couronnes, de grappes de raisin et de palmes. Quand on a pénétré sous cette porte, on trouve une espèce de couloir voûté, encombré jusqu'à une certaine hauteur de décombres et de poussière, et qui conduit le voyageur par une pente rapide à une grande pièce carrée entièrement creusée dans le roc. Dans cette première chambre, on remarque des niches de trois pieds de largeur sur six de hauteur, et qui semblent avoir été pratiquées pour y déposer des cercueils. De cette pièce d'entrée on peut, par plusieurs passages voûtés, pénétrer dans d'autres grottes semblables qui forment tout autour une espèce de labyrinthe dont tous les détours ont été pratiqués dans le rocher. Parmi ces pièces on en distingue une plus grande que les autres et qui est aussi destinée à servir de sépulcre. On retrouve quelques fragments des tombeaux qui étaient en pierre et couverts d'ornements sculptés. Les places dans lesquelles ils devaient être déposés sont préparées dans un ordre symétrique et régulier. Un fait remarquable signalé par tous les voyageurs, c'est que les portes de ces chambres sépulcrales ont été taillées dans le roc même et ménagées assez habilement pour que ces portes de pierre pussent tourner sur leurs gonds, également en pierre. Du reste ces portes gisent presque toutes sur le sol, brisées sans doute par les Arabes qui fouillent sans cesse tous les anciens monuments dans l'espoir d'y trouver des trésors enfouis.

Reste à savoir pour quels princes ont été construites ces sépultures et quels sont les rois dont les restes mortels y ont été renfermés. Il règne à cet égard une grande confusion dans les récits des historiens et dans les conjectures des voyageurs. M. de Châteaubriand a traité cette question à fond ; il cite le passage des Paralélipomènes qui constate que les tombeaux des rois de Juda étaient dans la ville de Jérusalem, et rappelle que David avait son sépulcre sur la montagne de Sion ; ce ne peut donc être pour les rois des Hébreux que ces sépultures auraient été construites.

Josèphe nous apprend qu'Hélène, reine d'Adiabène, avait fait élever à deux stades de Jérusalem trois pyramides funèbres, et que ses os et ceux de son fils Izate y furent renfermés par les soins de Manabaze. Le même historien, dans un autre endroit, en traçant les limites de la cité sainte, dit que les murs passaient au septentrion vis-à-vis le sépulcre d'Hélène ; tout cela convient aux sépulcres des rois. M. de Châteaubriand a cité un passage remarquable de Pausanias qui a dit : « Le second tombeau était à Jérusalem ; c'était la sépulture d'une femme juive, nommée Hélène. La porte du tombeau, qui était de marbre comme tout le reste, s'ouvrait d'elle-même à certain jour de l'année et à certaine heure par le moyen d'une machine, et se refermait peu de temps après. En tout autre temps si vous aviez voulu l'ouvrir, vous l'auriez plutôt rompue. »

Ce passage semblerait donc prouver que les sépulcres des rois ne sont que le tombeau d'Hélène, mais on est arrêté dans cette conjecture par la connaissance d'un autre monument.

Josèphe parle de certaines grottes qu'il nomme les *Cavernes royales*, mais il n'en fait point la description, et les place au septentrion de la ville sainte, tout auprès du tombeau d'Hélène.

Josèphe parle d'un mur que Titus fit élever lors du siége de Jérusalem, et qui, dit-il, revenant vers la région boréale, renfermait le *sépulcre d'Hérode*. C'est la position des cavernes royales; celles-ci auraient donc porté également le nom de *Cavernes royales* et de *Sépulcre d'Hérode*; dans ce cas cet Hérode serait Hérode le tétrarque, qui, avant son exil, pouvait très-bien s'être préparé un cercueil dans sa patrie.

M. Poujoulat n'a pas manqué de visiter ces demeures de la mort. Voici comment il résume son opinion à ce sujet : « On a beaucoup discuté pour savoir l'origine de ces tombeaux, les sépulcres des rois. Une des choses qui ont embrouillé la question, c'est l'ignorance où l'on était du lieu où se trouvent les *Caves royales*. J'ai rencontré à peu de distance des tombeaux des rois, à l'extrémité d'un verger d'oliviers, dans les flancs d'une grande roche, des chambres sépulcrales qui n'ont jamais été décrites, et que je crois être les Caves royales d'Hérode; il y a là dans des salles plus ou moins obscures, des rochers taillés, les uns en forme de cercueils, les autres en forme de catafalques. On n'y remarque ni cette grâce de ciseau ni ce caractère de grandeur qui frappent à la vue des tombeaux des rois; tout est austère et rude dans les monuments dont je parle; c'est l'image de la mort avec toute sa tristesse et son deuil, sans ornements, sans fleurs jetées autour d'elle. »

En visitant la vallée de Gehennen à une demi-heure du tombeau des rois, on trouve les tombeaux des *juges d'Israël*; ils sont du même genre, mais moins magnifiques. La porte d'entrée, surmontée d'un triglyphe, travail considérable, mais sans goût, introduit dans une vaste salle carrée qui sert de communication à une infinité de petites chambres, dans les murailles desquelles sont creusées diverses niches les unes au-dessus des autres, et destinées à recevoir les cercueils.

« Rien ne justifie, dit le Père Géramb, la dénomination sous laquelle ces tombeaux sont connus. Une chose à remarquer, c'est que le grand nombre de ces sépulcres, réunis en un même lieu, indique évidemment qu'ils n'étaient pas la propriété d'une seule famille. En les parcourant on ne se lasse pas d'admirer la grandeur du travail, et l'on s'étonne que le ciseau et le marteau aient suffi pour pratiquer dans le rocher de pareilles excavations. »

A l'occasion des tombeaux des rois, le pieux trapiste raconte l'anecdote suivante : « En 1832, dit-il, un étranger conçut le projet d'enlever le plus beau cercueil de ces chambres sépulcrales et de le faire conduire à Jaffa, afin de l'embarquer de là pour Alexandrie. L'entreprise était difficile, car il fallait mettre plusieurs personnes dans la confidence ; cependant, à force d'argent et de persévérance, il réussit à tirer le cercueil du lieu où il reposait depuis tant de siècles, et l'ayant fait charger sur des chameaux, il s'éloignait déjà avec son trésor, quand il reçut avis que le gouverneur de Jérusalem, informé de l'important larcin, avait donné ordre d'arrêter le convoi. En effet un bruit de cavaliers ne tarda pas à lui apprendre le danger qu'il courait ; il n'eut que le temps de faire tomber le sarcophage en coupant les cordes qui le tenaient lié sur les chameaux, et de prendre la fuite à la faveur des ténèbres. Longtemps après, le cercueil était sur le chemin sans que personne osât y toucher : il est de marbre blanc orné de bas-reliefs d'une grande beauté, mais qui ne représentent aucune figure d'homme ni d'animaux ; ce ne sont que des feuillages, des vignes et des fleurs. »

En suivant la route de Naplouse, le premier village qu'on rencontre est celui de Bir, station des caravanes qui de Jérusalem se rendent à Damas ; il est habité par des Arabes d'une extrême pauvreté et constamment opprimés par les Turcs. Il y a dans cet endroit les ruines d'une église bâtie sur l'emplacement de la maison où la sainte Vierge se retira pendant que son divin Fils instruisait dans le temple les docteurs.

A une distance de quatre heures est le village de Leban, situé sur le côté Est d'une vallée qui semble d'autant plus délicieuse, que jusque-là le chemin parcourt un pays désert et pierreux sans offrir la moindre trace de culture ; non loin de là on voit les restes d'un monastère édifié autrefois à la place de cette Betleh où Jacob eut sa mystérieuse vision qui lui montra l'avenir réservé à sa nombreuse postérité.

La fontaine qui porte le nom du même patriarche n'est pas très-éloignée; elle est, on le sait, célèbre dans l'Évangile, parce que ce fut sur ses bords que Notre-Seigneur rencontra la Samaritaine. Ce lieu ne pouvait être oublié par sainte Hélène; elle y fit construire un magnifique édifice qui n'offre plus aujourd'hui que les traces des fondements et une grande quantité de pierres répandues aux environs, au milieu desquelles on a beaucoup de peine à trouver l'ouverture de la fontaine. Elle est creusée dans le roc; elle a neuf pieds de diamètre, trente-cinq de profondeur; l'eau s'élève à la hauteur de quinze pieds.

Parvenu à ce point, le voyageur entre dans l'étroite vallée de Sichem ou de Sychar, ainsi qu'elle est appelée dans l'Évangile; cette vallée est formée par les monts Garizim et Hébal, dont il est si souvent question dans l'Ancien Testament.

Nous l'avons déjà dit : les Samaritains, jusqu'à leur captivité, eurent pour résidence principale la ville de Sichem; et c'était sur le mont Garizim qu'ils venaient à certaines époques de l'année remplir les rites de leur religion. D'après la version samaritaine du Pentateuque, ce fut sur cette montagne que l'Éternel commanda aux enfants d'Israël de graver le Décalogue sur la pierre, de construire des autels en ce lieu, d'y offrir leurs sacrifices et de s'y réjouir devant sa face. La version hébraïque du livre saint désigne le mont Hébal comme étant celui qui devait servir de théâtre à ces pieux devoirs. Les Samaritains accusent les Juifs d'avoir sciemment altéré le texte du livre inspiré, afin de verser de la défaveur sur le temple de Garizim.

Auprès de la ville, il y a une petite mosquée qui, d'après une tradition évidemment fausse, recouvre le sépulcre de Joseph ; elle est située sur l'emplacement du champ donné par Jacob à son fils Joseph, comme on lit dans l'Évangile selon saint Jean.

La route de Leban à Naplouse est extrêmement montueuse et pierreuse ; cependant la culture y est portée à un degré étonnant ; c'est un exemple frappant de ce qui est possible à l'industrie humaine ; partout on trouve des figuiers, des vignes, des oliviers, du sommet à la base les collines semblent transformées en jardins ; les flancs mêmes des montagnes les plus stériles ont été rendus fertiles au moyen de terrasses qui s'élèvent les unes au-dessus des autres, et sur lesquelles on a porté de la terre avec des travaux inouïs. L'aspect de ce pays annonce l'abondance et la richesse ; il est vrai qu'au lieu d'être opprimée par le pacha de Damas, la population en a toujours été traitée avec modération, et la sagesse de ce gouvernement a produit des effets qu'on ne peut assez apprécier. L'humidité naturelle et continuelle du sol, la salubrité de l'air, les sources limpides, les rivières, les lacs, les plaines, les collines, la sérénité du climat, tout concourt à faire de ce pays l'éden de la Syrie.

Placée dans une vallée verdoyante, à l'est du Garizim, Naplouse est l'antique Sichem. Elle a pris le nom de la Néapole grecque, dont elle occupe encore la place. De Néapolis les Arabes syriens ont fait Naplouse.

Assise entre le Moria samaritain et le mont Hébal, elle n'est pour l'étendue des murs et la population que la moitié de Jérusalem. Ses murailles basses, sans tours et sans fossés, dont on peut faire le tour en vingt-cinq minutes, renferment neuf mille habitants; comme à Jérusalem, les Juifs forment le tiers de la population. Le Garizim est nu de ce côté, mais le revers occidental est couvert de bois qui se rattachent à la forêt de Césarée. Ce mont domine toute la Samarie; on voit encore sur cette acropole quelques misérables restes du temple. Naplouse est triste et silencieuse comme les villes du Levant, mais avec ses minarets, ses dômes, ses terrasses d'une éclatante blancheur, elle offre un aspect poétique, et sa ceinture d'oliviers lui donne une physionomie pittoresque. On compte dans la ville six mosquées et une église catholique abandonnée, car le fanatisme est toujours violent dans la Samarie; on n'y est pas moins intolérant qu'à l'époque où on refusait au Christ l'entrée d'un village, parce qu'on voyait par la direction de ses pas qu'il se rendait à Jérusalem. On n'y trouve ni un chrétien, ni un juif étranger; on ne les souffrirait pas.

Les Samaritains, dont le nombre n'excède pas quarante, ont une synagogue où ils se rassemblent les jours de sabbat; quatre fois par an ils se rendent en procession au mont Garizim, et ils offrent leurs sacrifices sur les derniers débris du temple. Ils possèdent une école publique où on enseigne l'ancien langage, car ils mettent leur orgueil à conserver les copies du Pentateuque avec l'écriture primitive. Un Anglais, M. Connor, en a rapporté une qui remonte, dit-on, à trois mille cinq cents ans.

A quatre heures de Naplouse, au nord-ouest, on trouve le mont Someron, dont la cime est couronnée par les ruines de l'ancienne capitale du royaume d'Israël. Hérode la rebâtit et la nomma Sébaste en l'honneur d'Auguste. Pour y arriver, on laisse la route des caravanes, et on monte sur la gauche pendant une demi-heure. L'enceinte de Samarie est la moitié du circuit de Jérusalem, et du haut des murailles flanquées de tours, on jouit d'une vue magnifique qui s'étend jusqu'au Garizim. Parmi tant de ruines, entassées dans le même oubli, on remarque les débris de l'église de Saint-Jean-Baptiste qui fut une des pieuses constructions de la mère de Constantin; elle choisit la place où le fils de Zacharie fut sacrifié à l'infâme passion du féroce Hérode. Dans l'enceinte du temple est la prison où le crime fut commis; les Turcs ont cette prison en grande vénération, et ils ont bâti auprès une petite mosquée. La splendide cité d'Hérode n'est maintenant qu'un petit village extrêmement pauvre, montrant seulement les restes de son ancienne splendeur. Six colonnes d'ordre dorique marquent l'emplacement du palais d'Hérode, dont Josèphe a fait une description magnifique.

A l'endroit où l'on reprend la route, on quitte le territoire de la tribu d'Ephraïm, et on entre sur celui de la demi-tribu de Manassé; en continuant de marcher au nord, on arrive à Gibba, village entouré d'oliviers, de grenadiers, et occupant une forte position qui domine une étroite vallée. Plus loin est Sannour, espèce de château-fort sur une haute colline; et enfin le voyageur entre dans la riche plaine d'Esdrelon, couverte de grands pâturages, remplie d'antiques souvenirs, et qui fut un des champs de bataille où les Français se signalèrent pendant la dernière expédition d'Égypte.

Cette riche vallée est terminée vers le sud par la

ville de Jennin ou Genyn, dont l'ancien nom était Ginea, frontière entre la Samarie et la Galilée; autrefois florissante et peuplée, cette ville n'a guère que huit cents habitants; mais les ruines d'un palais et d'une mosquée indiquent qu'elle avait autrefois une certaine importance. Des piliers de marbre, des fontaines restent encore dans un bel état de conservation, et une inscription arabe qui se lit sur l'une d'elles apprend qu'elle fut édifiée par un commandant nommé Sélim.

Maintenant au lieu de poursuivre notre course vers Nazareth et le lac de Tibériade, allons du côté du Jourdain dans la terre de Gélaad, afin de faire connaître quelques-unes des découvertes récemment faites dans cette partie de la Palestine, héritage des tribus de Ruben et de Gad. Le D. Seetzen a beaucoup contribué à nous apprendre ce que nous savons sur l'ancienne cité de Geruza, dont les ruines sont nommées, par les Arabes, Djerash ou Dgerrasch.

Le voyageur qui y arrive du côté du sud remarque d'abord une porte triomphale presque entière, et ayant beaucoup de ressemblance sous le rapport architectural avec celle qu'on voit à Arsinoë, dans la Haute-Égypte. La façade est ornée de quatre colonnes d'un petit diamètre, et construites non d'une seule pièce, mais de morceaux séparés; les piédestaux sont carrés, hauts et minces. Comme ces colonnes ont été brisées vers le sommet, on ne peut voir leurs chapiteaux. Le fronton et la frise ont également été détruits; mais ce qui en reste suffit pour donner une idée de l'édifice et prouver qu'il était d'architecture corinthienne. Il est présumable que c'était un arc de triomphe élevé pour faire honneur à quelque général victorieux, à son entrée dans la ville.

Non loin de là, on trouve une naumachie construite en belle maçonnerie et dont les corniches présentent des moulures sculptées sur la pierre. Les canaux qui servaient à y conduire l'eau sont encore visibles ; au delà est une seconde porte semblable à la première, et comme elle tient des deux côtés aux murailles de la ville, il est à croire qu'elle était la véritable porte d'entrée.

Tournant ensuite à gauche, le voyageur passe sous une large et belle colonnade de forme circulaire. Les colonnes sont d'ordre ionique et surmontées d'un architrave. De ce point part une longue avenue de colonnes placées en ligne droite ; elles semblent marquer l'emplacement de quelque grande place qui occupait toute la longueur de la ville ; les colonnes sont toutes d'ordre corinthien ; on monte de chaque côté de l'esplanade par plusieurs degrés.

Si l'on suit cette rue imaginaire à travers ces masses de ruines, l'attention du visiteur est attirée par quatre magnifiques colonnes beaucoup plus hautes et plus grosses que celles déjà vues ; mais, ainsi que les précédentes, elles ne supportent aucun entablement et semblent seulement avoir servi d'ornement à la façade de quelque édifice maintenant détruit.

La ligne de colonne dont nous parlions précédemment, est coupée à angles droits par une autre rangée de colonnes qui s'étendent des deux côtés ; au point d'intersection est un emplacement où il y a quatre énormes masses ressemblant à des piédestaux, et qui supportaient des colonnes, dont les fûts et les chapiteaux couvrent encore la terre. On passe par-dessus les débris d'un mur qui constituait la façade d'un grand édifice, et on arrive aux ruines d'un temple semi-circulaire, faisant face à la première ligne de colonnes. Plusieurs des colonnes de ce temple sont encore debout : les unes sont de marbre jaunâtre, les autres de granit rouge ; toutes ont été exécutées avec un soin particulier ; les sculptures sont aussi pures et aussi achevées que celles des plus beaux restes de l'antiquité ; près de ces ruines est un autel sur lequel on lit une inscription contenant le nom de Marc-Aurèle.

Un voyageur qui a visité ces ruines n'hésite pas à les comparer à celles de Palmyre, et son admiration ne tarit pas sur la grandeur et sur la magnificence de ces précieux débris qui occupent un emplacement d'à peu près quatre milles de longueur ; la distance entre les ruines de la porte au sud du petit temple jusqu'à l'extrémité nord, est d'environ cinq mille pieds.

La vallée étroite qui s'étend entre deux collines est arrosée par une eau courante qui alimentait une fontaine placée au centre de la ville ; les Bédouins aiment beaucoup le voisinage de cette petite rivière, mais comme il n'y a pas un seul édifice debout pour leur donner asile, ils vivent sous des tentes. Certaines parties du sol sont bien cultivées, mais ce sol n'appartient à personne ; celui qui l'occupe une année est souvent très-éloigné de ce lieu l'année suivante ; il est remplacé par un autre qui, à son tour, part après la récolte pour aller chercher fortune ailleurs.

D'après la position de cette ville et d'après son nom arabe de Djerash, plusieurs savants pensent que c'est l'ancienne Gergasha des Hébreux. Lorsque les

Romains eurent conquis la Judée, cette contrée devint une de leurs colonies de prédilection; ils y fondèrent dix villes. Geraza fut sans doute une d'elles, et comme on ignore les faits qui se sont passés dans le pays après la chute de Jérusalem, on est réduit à conjecturer que Geraza dut beaucoup souffrir pendant la guerre sous Vespasien, et qu'elle fut définitivement détruite lors de l'invasion des Sarrasins.

Le pays de Galaad mérite de fixer l'attention; les riches pâturages qui le composent, avant d'appartenir à la tribu de Ruben, avaient formé le royaume du géant Slog, roi de Basan. On sait que la vallée du Jourdain est bordée à l'est par une chaîne de montagnes encore plus élevées que celles de l'ouest; mais, jusqu'à ces derniers temps, on n'avait pas pensé que les premières recélassent dans leur sein des terres plus fécondes que celles de la Palestine. En partant de la rivière, le voyageur s'élève graduellement jusqu'à une plate-forme de huit cents pieds de haut, formant un canton de la fertilité la plus extraordinaire, offrant une quantité de points de vue pittoresques, entouré d'épaisses forêts, entrecoupé de bosquets verdoyants, rivalisant enfin avec les plus riches parties de la Galilée et de Samarie. « En continuant notre route au nord-est, dit Buckingham, nous marchions à travers une contrée dont la beauté nous surprenait et variait nos sensations à chaque pas; nous ne savions pas si le tableau qui se déroulait devant nos yeux était réel, ni si nous n'étions pas sous le charme d'une illusion d'optique. A chaque détour le paysage changeait d'aspect, et nous offrait de nouvelles beautés, dont la vue était bien suffisante pour nous dédommager des fatigues de notre excursion. »

Cette nature, si magnifiquement pittoresque, se continue jusqu'à ce qu'on arrive au bord de la rivière Jabbok, ancienne limite entre les Amorites et les enfants d'Ammon. Les bords de ce cours d'eau sont garnis de platanes, d'oliviers sauvages et d'une quantité d'autres arbres remarquables par leur variété et leur élégance. La rivière a trente pieds de large et n'est pas plus profonde que le Jourdain; elle coule sur un lit de rochers; au nord-est le royaume de Basan, célèbre par ses troupeaux, ses bestiaux et la force prodigieuse de ses habitants qui furent toujours au nombre des plus formidables ennemis d'Israël.

A six milles au nord de Djerash est le village de Souf, situé sur une haute colline et flanqué d'une étroite vallée; on y voit de nombreuses ruines qui indiquent son ancienne splendeur. Au milieu des maisons modernes on rencontre de larges blocs de pierre recouverts de sculptures; dans le voisinage il y a deux tours de construction sarrazine. Souf renferme cinq cents habitants, tous mahométans.

Le voyageur qui, de ce village, veut atteindre les ruines de Gamala, marche au nord-ouest et descend d'abord dans une belle vallée, puis il gravit une colline couverte jusqu'au sommet de chênes-verts et de pins.

Les ruines sont indiquées par des misérables huttes et par des édifices restés en partie debout. Gamala paraît avoir occupé un espace à peu près carré; sa plus grande largeur de l'est à l'ouest est d'environ dix-sept cents pas; la partie la plus considérable occupe le sommet de la colline; elle était bien fortifiée : des traces de tours et d'autres ouvrages de défense se distinguent en plusieurs endroits. La porte de l'est subsiste encore : elle conduit à une grande rue qui traverse la ville dans sa plus grande largeur, bordée par une belle colonnade d'ordre ionique et corinthien; le pavé est formé de blocs de pierre volcanique; il est tellement intact, qu'on y remarque la trace des roues, comme à Pompeïa et à Herculanum.

Lorsqu'on entre par la porte de l'est, le premier édifice qui frappe les regards, c'est le théâtre; la façade est entièrement détruite, mais les gradins sont bien conservés; plus loin est un temple dont il est facile de suivre le plan. Il avait cent pas du nord au sud, et sa façade, qui est vis-à-vis de la grande colonnade, avait cent quatre-vingts pieds de largeur; sa construction a cela de particulier, qu'il paraît avoir été bâti sur un rang de belles arcades, de telle manière que ses fondements sont plus élevés que le sol de la ville; ainsi, les piédestaux des colonnes se trouvant fort au-dessus du niveau de la rue, ce temple frappait les regards tout d'abord.

Il y a bien encore de nombreuses ruines de palais et de temples, mais il faudrait un travail considérable et des connaissances spéciales pour en rétablir les divers plans. La pierre généralement employée est celle des rochers voisins, c'est une espèce de granit; mais les piédestaux des colonnes sont d'une pierre noire d'origine volcanique.

A l'aspect de ces ruines fastueuses, entassées dans un canton aride totalement dépourvu d'agriculture, de manufactures et de commerce, il est impossible de ne pas être frappé d'étonnement. Il a dû se trouver là un centre immense de luxe et d'opulence, à en juger par ces temples splendides, ces colonnades magnifiques qui frappent encore les regards. L'esprit rebelle des habitants et les guerres qu'ils soutinrent contre divers empereurs furent la cause de la destruction de cette cité. Depuis que Vespasien en fit raser les murailles, l'existence de Gamala ne fut plus même constatée par les nombreux pèlerins qui visitèrent ces contrées, et ses ruines n'ont été retrouvées que de nos jours.

Nous sommes arrivés sur les bords du lac fameux de *Génésareth*; qu'il nous soit permis de quitter notre itinéraire, afin de prendre en son entier le tableau admirable que M. de Lamartine a tracé de ces lieux vénérés; disons d'abord que le voyageur arrivait du côté de Jaffa, par conséquent du point opposé à Gamala, c'est-à-dire de l'ouest au lieu de l'est. « Après avoir traversé, dit le grand poëte, une plaine jaunâtre et rocailleuse, mais fertile, nous voyons le terrain s'affaisser tout à coup devant nos pas, et nous découvrons l'immense vallée du Jourdain et les premières lueurs azurées du lac que l'Évangile appelle *mer de Galilée*. Bientôt il se déroule tout entier à nos yeux, entouré de toutes parts, excepté au midi, d'un amphithéâtre de hautes montagnes grises et noires; à son extrémité méridionale, il se rétrécit et s'ouvre pour laisser échapper le Jourdain, qui sort en serpentant, se glisse dans une plaine basse et marécageuse; à environ cinquante pas du lac, il passe en bouillonnant un peu et en faisant entendre son premier murmure sous les arches ruinées d'un pont d'architecture romaine.

« Cependant nous remontâmes à cheval pour longer jusqu'au bout les bords sacrés de ce beau lac; la caravane s'éloignait en silence et marchait sur la rive occidentale du lac, à quelques pas de ses flots, sur une plage de sable et de cailloux, semés çà et là, de quelques touffes de lauriers roses et d'arbustes à feuilles dentelées qui portent une fleur semblable au lilas. A notre gauche une chaîne de collines à pic noires, dépouillées, creusées de ravins profonds, tachetées de distance en distance par d'immenses pierres éparses et volcaniques, s'étendait tout le long du rivage, et s'avançait en promontoire sombre et nu à peu près au milieu de la mer, nous cachant la ville de Tibériade. Nul d'entre nous n'osait élever la voix; toutes les pensées étaient internes, pressées et profondes, tant les souvenirs sacrés parlaient haut dans l'âme de chacun de nous. Quant à moi, jamais aucun lieu sur la terre ne me parla au cœur plus fort et plus délicieusement. J'ai toujours aimé à parcourir la scène physique des lieux habités par les hommes que j'ai connus, admirés, aimés ou révérés parmi les vivants comme parmi les morts. Le pays qu'un grand homme a habité et préféré pendant son passage sur la terre, m'a paru la plus parlante relique de lui-même, une sorte de manifestation matérielle de son génie, une révélation muette d'une partie de son âme, un commentaire vivant de ses actions, de ses pensées..... Mais ce n'était plus un grand homme ou un grand poëte dont je visitais le séjour favori ici-bas. C'était l'homme des hommes, l'homme divin, la nature et le génie de la vertu faits chair, la divinité incarnée dont je venais adorer les traces sur les rivages mêmes où il en a imprimé le plus, sur les flots mêmes qui le portèrent, sur les collines mêmes où il s'asseyait, sur les pierres où il reposait son front : il avait de ses yeux mortels vu cette mer, ces flots, ces collines, ces pierres; ou plutôt cette mer, ces collines, ces pierres l'avaient vu. Il avait foulé cent fois le chemin où je marchais respectueusement, ses pieds avaient soulevé cette poussière qui s'élevait sous les miens; pendant les trois années de sa mission divine, il va et vient sans cesse de Nazareth à Tibériade, de Jérusalem à Tibériade; il se promène dans des barques de pêcheurs sur la mer de Galilée, il en calme les tempêtes et y monte sur les flots en donnant la main à son disciple bien-aimé.

« La grande et mystérieuse scène de l'Évangile se passe presque tout entière sur ce lac et sur les bords de ce lac, et sur les montagnes qui entourent et voient ce lac. Voilà Emmaüs où il choisit au hasard ses disciples parmi les derniers des hommes, pour témoigner que la force de sa doctrine est dans sa doctrine même et non dans ses impuissants organes. Voilà Tibériade où il apparaît à saint Pierre et fonde en trois paroles l'éternelle hiérarchie de son Église; voilà Capharnaüm; voilà la montagne où il fait le beau sermon de la montagne; voilà celle où il prononce les nouvelles béatitudes selon Dieu; voilà celle où il multiplie les pains et les poissons, comme sa parole enfante et multiplie la vie de l'âme; voilà le golfe de la pêche miraculeuse; voilà tout l'Évangile enfin avec ses paraboles touchantes et ses images tendres et délicieuses qui nous apparaissent telles qu'elles apparaissaient aux auditeurs du Dieu-maître, quand il leur montrait du doigt l'agneau, le bercail, le bon pasteur, le lis de la vallée; voilà enfin le pays que le Christ a préféré sur cette terre, celui qu'il a choisi pour en faire l'avant-scène de son drame mystérieux; celui où pendant sa vie obscure de trente ans il avait ses parents et ses amis suivant la chair; celui où cette nature dont il avait la clef lui apparaissait avec le plus de charmes; voilà ces montagnes où il regardait comme nous s'élever et se coucher le soleil qui mesurait si rapidement ses jours mortels; c'était là qu'il venait se reposer, méditer, prier et aimer les hommes et Dieu...

« La mer de Galilée, large d'environ une lieue à son extrémité méridionale, s'élargit d'abord insensiblement jusqu'à la hauteur d'Emmaüs, puis tout à coup les montagnes qui la resserrent jusque-là s'ouvrent en larges golfes des deux côtés et lui forment un vaste bassin presque rond, où elle s'étend et se développe dans un lit d'environ douze à quinze lieues de tour; ce bassin n'est pas régulier dans sa forme; les montagnes ne descendent pas partout jusqu'à ses ondes : tantôt elles s'écartent à quelque distance du rivage et laissent entre elles et cette mer une petite plaine basse, fertile et verte comme les plaines de Génésareth; tantôt elles se séparent et s'entr'ouvrent pour laisser pénétrer ses flots bleus dans des golfes creusés à leurs pieds et ombragés de leur ombre. A l'orient, les montagnes forment, depuis les cimes du Jelboë qu'on entrevoit du côté du midi jusqu'aux cimes du Liban qui se montrent au nord, une chaîne serrée, mieux ondulée, dont les sombres anneaux semblent de temps en temps prêts à se détacher et se brisent même çà et là pour laisser passer un peu de ciel.

« Au bout du lac, vers le nord, cette chaîne de montagnes s'abaisse en s'éloignant, et on distingue de loin une plaine qui vient mourir dans les flots, et à l'extrémité de cette plaine une masse blanche d'écume qui semble rouler d'assez haut dans la mer; c'est le Jourdain qui se précipite dans le lac qu'il traverse sans y mêler ses eaux et qui va en sortir tranquille, silencieux et pur. Toute cette extrémité nord de la mer de Galilée est bordée d'une lisière de champs qui paraissent cultivés ; on y distingue ces vastes plantations de jonc que les Arabes cultivent partout où se trouve une source pour en arroser le pied. Les monticules volcaniques règnent uniformément du côté occidental jusqu'à Tibériade ; des avalanches de pierres noires, vernies par les gueules entr'ouvertes d'une centaine de cônes volcaniques éteints, traversent à chaque instant les pentes ardues de cette côte sombre et funèbre. La route n'était variée pour nous que par la forme bizarre et les incidents étranges des hautes masses de lave durcie qui étaient éparses autour de nous, et par les débris des murailles, des portes de villes détruites et des colonnes couchées à terre que nos chevaux franchissaient à chaque pas. Les bords de la mer de Galilée, de ce côté de la Judée, n'étaient, pour ainsi dire, qu'une seule ville ; ces débris, multipliés devant nous, et la multitude des villes et la magnificence des constructions que leurs fragments mutilés témoignent, rappellent à ma mémoire la route qui longe le pied du Vésuve de Castellamare à Portici, comme si les bords du lac de Génésareth semblaient porter des villes au lieu de moissons et de fruits. Après deux heures de marche, nous arrivons à l'extrémité d'un promontoire qui s'avance dans le lac, et la ville de Tibériade se montre tout à coup devant nous comme une apparition éclatante et vivante d'une ville de deux mille ans. Elle couvre la pente d'une colline noire et nue qui s'incline rapidement vers le lac ; elle est entourée d'une haute muraille carrée, flanquée de quinze à vingt tours crénelées.

Les pointes de deux blancs minarets se dressent seules au-dessus de ces murs et de ces tours, et tout le reste de la ville semble se cacher de l'Arabe à l'abri de ces hautes murailles, et ne présente à l'œil que la voûte basse et uniforme de ses toits, qui sont semblables à l'écaille découpée d'une tortue. »

Tibériade ou Tibérias est la seule place des bords du lac qui conserve encore quelque importance; la ville moderne n'a pas le tiers d'étendue de la cité construite par Hérode Agrippa en l'honneur de Tibère ; elle a la forme d'un croissant irrégulier et n'a pas plus de mille pas de circuit, elle contient environ cinq cents maisons construites en boue et en paille.

L'intérieur offre peu d'objets intéressants; il y a cependant une mosquée ornée d'un dôme et deux minarets, deux synagogues et une église, la première de toutes les églises catholiques, sous l'invocation de saint Pierre; ce lieu attire toujours la vénération des chrétiens : c'est une salle voûtée de trente pieds de long sur quinze de large et autant de hauteur; la porte d'entrée est à l'ouest, et en face dans une niche est un autel, au-dessus de la porte et dans les quatre murs il y a des fenêtres courbées en arc et ouvertes. La construction est mesquine tant sous le rapport des matériaux que sous celui du travail, le pavé est semblable à celui des rues de la ville, et les murs sont totalement dénués de sculptures et d'ornements d'architecture, mais l'intérêt immense attaché à cette place vient de la tradition qui en fait la demeure de saint Pierre, lorsqu'il fut choisi par le Messie pour l'accompagner. Il est bien évident que cette église n'a pas été primitivement construite pour servir au culte, mais les premiers chrétiens auraient donné cette pieuse destination à la maison habitée, sous leurs yeux, par le prince des apôtres.

Outre les édifices publics dont nous venons de parler, on remarque encore à Tibériade la maison de l'aga, un assez joli bazar et quelques cafés; le toit des maisons forme une terrasse entourée de roseaux et couverte de feuilles : c'est là que les habitants vont chercher un refuge contre la chaleur vraiment insupportable de nuits, pendant les mois où l'air n'est pas rafraîchi par les brises du lac.

Suivant quelques voyageurs, la population de Tibériade est de deux mille habitants, moitié Juifs, moitié musulmans; on compte cependant une trentaine de familles catholiques du rit latin.

A trois milles au sud-ouest de la ville, il y a des eaux thermales qui ont joui d'une certaine célébrité; les bains construits par les Romains sont en ruines, et ceux qui existent, ouvrage des musulmans, sont petits et mesquins. L'édifice consiste en une chambre carrée de seize à vingt pieds, couverte d'un dôme et garnie de siéges ou de bancs ; au milieu est la citerne qui contient l'eau. Ibrahim-Pacha a fait construire des bains magnifiques à peu de distance des anciens; l'édifice, supporté par des colonnes de marbre enlevées aux ruines romaines, est surmonté d'une élégante colonnade ouverte.

Tibériade a joué un grand rôle dans les annales des Juifs. Après la chute de Jérusalem, les patriarches juifs, les rabbins, les docteurs de la loi se retirèrent dans cette ville où ils établirent une école qui devint bientôt célèbre. Comme la dignité de patriarche était héréditaire, les Hébreux jouirent d'une certaine importance pendant plus de quatre cents ans, dans le sixième siècle, si nous en croyons Procope, l'empereur Justinien fit relever les murailles détruites, mais dans le siècle suivant, la ville fut prise par le calife Omar; les Sarrasins détruisirent la plupart des édifices et enlevèrent aux habitants leurs priviléges. Cependant Willibala, qui visitait ces lieux à la fin du huitième siècle, mentionne plusieurs églises et quelques synagogues que les vainqueurs avaient respectées, ou avaient permis de réparer.

A l'extrémité du lac et à dix milles au nord-est de Tibériade, on trouve les restes de Capharnaüm. Quoique ce village ne soit plus aujourd'hui qu'un campement de Bédouins, il paraît avoir eu autrefois une certaine importance, si l'on en juge par ses ruines qui occupent un espace considérable de terrain. Le sol est jonché de larges blocs de pierres diversement sculptées.

Capharnaüm fut témoin de plusieurs des miracles de notre Sauveur : c'est là qu'il dit au paralytique : *Prenez votre lit et marchez*; c'est là qu'il guérit l'homme qui avait la main sèche; c'est là enfin qu'il commença la série de ses sublimes instructions qui ne devaient se terminer qu'au jardin des Oliviers.

Pour se rendre de Tibériade à Nazareth, on est obligé de monter continuellement; le village de Cabersabel est le premier qui attire l'attention à cause de ses restes d'architecture indiquant un ancien édifice qui était orné de colonnes de marbre et d'un portique magnifique. Puis c'est Soak-El-Khan, lieu remarquable par son marché où se réunissent une quantité d'habitants des environs; enfin les ruines de Saracenie, espace carré entouré de murs, qui, au milieu et dans les angles, ont des tours circulaires.

En poursuivant sa route, à gauche du voyageur, s'élève dans sa majesté solitaire au milieu de la plaine d'Esdrelon le glorieux Thabor. Les flancs de cette montagne sont rudes et escarpés ; il n'y a aucun sentier régulièrement tracé, et il y a beaucoup de passages où les chevaux ne se tiennent qu'avec beaucoup de peine. Toutefois la végétation est fort belle, et partout où il se trouve un peu de terre végétale, on rencontre du gazon et des fleurs ; de beaux arbres s'élancent de presque toutes les fentes du rocher. On y rencontre beaucoup d'animaux de toute espèce ; les sangliers et d'autres animaux sauvages habitent les endroits les plus touffus.

Sainte Hélène avait fait construire une église sur le plateau qui couronne le mont Thabor et qui peut avoir une demi-lieue d'étendue. Quelques pierres éparses au milieu des broussailles et des hautes herbes indiquent l'emplacement qu'occupait ce monument. Le Père Géramb dit y avoir vu encore une petite chapelle isolée au milieu des ronces et des épines, et dans laquelle la communauté de Nazareth vient tous les ans en pèlerinage, le jour de la Transfiguration de Notre-Seigneur. On y célèbre la messe, en souvenir du mystère qui s'accomplit autrefois en ce lieu.

Du sommet de cette montagne, on jouit, lorsque le ciel est pur, d'un magnifique coup d'œil qui s'étend sur tous les lieux rendus à jamais célèbres par les prédications et les miracles de l'Homme-Dieu ; mais souvent le Thabor cache son front dans d'épais brouillards qui ne permettent pas de voir ce superbe panorama.

Le mont Thabor joue un grand rôle à toutes les époques de l'histoire de ce pays. Les Juifs, les Gentils, les Égyptiens, les Assyriens, les Perses, les Sarrasins, les Turcs, les Arabes, les croisés et enfin les Français modernes ont tour à tour déployé leurs bannières sur cette montagne célèbre. La plaine qu'elle domine a toujours servi de champ de bataille aux armées qui ont opéré dans ces contrées, depuis Nabuchodonosor jusqu'à Bonaparte. Ce fut dans cette plaine en effet qu'eut lieu l'un des plus brillants combats de la campagne d'Égypte. Kléber s'y trouvait isolé avec une division d'infanterie, et entouré de toute l'armée musulmane. Deux mille Français étaient là, sur le sable brûlant, hérissés de baïonnettes, immobiles comme un bloc de granit, et devant eux dix mille hommes d'infanterie et vingt-cinq mille hommes de cavalerie venaient se heurter contre leur front avec une fureur que les échecs successifs ne pouvaient ralentir. En vain les Turcs, poussant leurs cris sauvages, cherchaient à briser la triple muraille de fer qui vomissait la mort. Déjà on se battait depuis plusieurs heures, les feux de file et la mitraille avaient formé autour des bataillons français un rempart de cadavres d'hommes et de chevaux. Cependant on se battait toujours; le nombre des assaillants semblait, au lieu de décroître, se multiplier sous le canon. Cent fois repoussés, cent fois ces intrépides cavaliers revenaient à la charge, cherchant à arracher à la lassitude une victoire que les armes leur refusaient. La position des Français devenait critique. Les munitions commençaient à s'épuiser. Un combat si long et si opiniâtre avait épuisé les courages les plus énergiques; les soldats mourant de fatigue et de besoin commençaient à ne plus combattre que pour vendre chèrement leur vie; le général n'avait plus qu'un but : conserver sa position sur la défensive jusqu'à ce que la nuit lui permît d'opérer sa retraite. Tout à coup un coup de canon retentit du côté d'Acre. A ce signal, l'espérance et la joie rentrent dans le cœur du soldat français; ce sont des frères, ce sont des libérateurs qui arrivent. Aussitôt la certitude de la victoire s'empare de tous les combattants, depuis le général jusqu'au dernier soldat; on ne se contente plus de se défendre, les Français sortent enfin de leur immobilité, c'est eux à leur tour qui vont chercher les ennemis; ils savent qu'ils seront secondés, et que leur général en chef veille sur eux.

En effet, Napoléon avait habilement prévu les événements, et il avait abandonné le siége de Saint-Jean-d'Acre pour venir dégager son lieutenant. En arrivant sur les montagnes qui dominent le champ de bataille, il a vu la situation des deux armées, mais il contient ses soldats prêts à s'élancer au secours de leurs frères d'armes; il ne lui suffit pas de délivrer Kléber, il veut entourer l'ennemi de manière à assurer sa destruction complète. En effet, il dispose ses troupes de manière à l'entourer de toutes parts, à le resserrer dans un triangle de feu. Lorsqu'il donne le signal de son arrivée par un coup de canon, toutes ses dispositions sont prises, et les Turcs, attaqués de front, cernés de tous côtés, étourdis par plusieurs attaques simultanées, s'arrêtent frappés de stupeur. Refoulés pendant une journée entière par une division seule, comment pouvaient-ils espérer tenir tête à ces nouveaux renforts commandés par un homme dont la réputation était déjà colossale en Orient? Bientôt le désordre devient extrême dans les rangs musulmans; nul ordre n'est exécuté, nulle voix de chef n'est obéié; dans le vertige de la peur, hommes et chevaux s'embarrassent les uns les autres, s'entassent, s'entrechoquent et n'offrent plus de résistance. La débandade est générale : pressés dans toutes les directions, palpitants, éperdus, les fuyards rencontrent les Français partout; enfin, ils s'échappent à grande peine, et se précipitant derrière le mont Thabor; toujours poursuivis, ils gagnent pendant la nuit le pont d'El Mayamah, et un grand nombre d'entre eux trouve la mort dans les eaux du Jourdain.

A deux heures du Thabor est Nazareth, maintenant Naszera ou Nassera. C'est un de ces lieux dont le nom seul agite le cœur du chrétien et le remplit de pensées hautes et sublimes : heureux celui qui peut exprimer dignement ce qu'il ressent à la vue de ce modeste village !...

Nazareth n'est autre chose qu'une misérable bourgade comme toutes celles qui sont éparses en Syrie; elle ne présente que quelques groupes peu considérables de pauvres cabanes disposées sans ordre et sans plan sur le penchant d'une colline. On y trouve un monastère spacieux et solidement bâti, un caravansérail et une ancienne église dont les musulmans se sont emparés pour en faire une mosquée.

L'église se trouve dans l'intérieur du couvent, et elle renferme elle-même dans son enceinte le lieu auguste et à jamais béni où s'opéra le grand, l'ineffable mystère de miséricorde et de salut, le divin mystère de l'Incarnation.

On descend au lieu où se trouvait Marie par un large et magnifique escalier de marbre blanc. Comme tous les autres sanctuaires de la Palestine, celui-ci est placé sous un autel, sur lequel des lampes sont

sont continuellement allumées. Sur une table, également en marbre, on lit écrits en gros caractères les mots les plus augustes, les plus mémorables, la plus énergique expression de l'amour infini de Dieu pour les hommes:

VERBUM CARO HÌC FACTUM EST.

Derrière l'autel sont deux chambres taillées dans le roc qui faisaient partie de la maison de saint Joseph: il suffit de le voir pour être convaincu que c'est là un ouvrage des temps antiques. Elles présentent ensemble une longueur de vingt pieds sur dix de large. La seconde communique à la première par un petit escalier dont la largeur est inégale; dans celle-ci se trouve un autel surmonté d'un tableau représentant la Sainte Famille, et sur lequel on lit:

HÌC ERAT SUBDITUS ILLIS.

Sainte Hélène avait fait construire à Nazareth la plus belle église qu'il y eût en Orient, et y avait renfermé les saints lieux. Une colonne y marquait l'endroit où l'ange Gabriel salua Marie, et à deux pieds de là, une autre indiquait la place où se trouvait la chaste Vierge. Il ne reste plus de l'église que quelques débris qui en attestent la grandeur; mais la première des deux colonnes subsiste encore. La seconde a été brisée par des misérables qui s'étaient imaginé que, dans son intérieur, elle recélait des trésors; on en voit, près du sanctuaire, la partie supérieure qui, par une cause inconnue, et que l'on regarde comme miraculeuse, est demeurée suspendue à la voûte.

A quinze pas de là est la maison où l'époux de Marie exerçait le métier de charpentier ; on en désigne encore la place sous le nom de *Boutique de saint Joseph*. Cette boutique avait été transformée en une église assez vaste ; les Turcs en ont détruit une partie ; il en reste une chapelle où l'on célèbre tous les jours le saint sacrifice de la messe.

Non loin est la synagogue où Jésus enseignait lorsqu'il en fut chassé par les Juifs et conduit au sommet de la montagne d'où ils voulurent le précipiter. Cette synagogue est un édifice voûté, construit en pierre de taille, long de trente pieds sur quinze ; elle appartient aux Grecs schismatiques, qui l'ont converti en une église ; les Pères Franciscains sont en possession d'y aller dire la messe.

Le *mont du Précipice*, comme on le nomme maintenant, est à deux milles de Nazareth ; il est tellement escarpé et couvert de fragments de roche, qu'il est presque inaccessible. Dans une grotte de la montagne, on voit un autel taillé dans le roc ; c'est, dit la tradition, le véritable endroit où Jésus prenait ses repas avec ses disciples. Tout auprès sont deux vastes citernes destinées à conserver l'eau des pluies, et les ruines de quelques établissements religieux fondés par la pieuse et infatigable mère de Constantin. Immédiatement au-dessous et sur le bord d'un précipice de trente pieds de profondeur, on voit deux pierres plates dressées sur un de leurs côtés ; au centre et çà et là sur plusieurs points de leur surface, on remarque des traces semblables à celles que des doigts impriment sur de la cire. On prétend que ce sont les traces de la main de Notre-Seigneur, qui se retint à ces pierres, lorsque les Juifs voulaient le précipiter dans cet abîme.

Non loin de là on voit encore une autre relique bien précieuse : quoiqu'il n'en soit pas fait mention dans l'Évangile, son authenticité a été constatée par notre saint-père le Pape, c'est une large pierre sur laquelle mangea le Christ avec ses disciples avant et depuis sa résurrection. Elle est contenue dans une chapelle; sur plusieurs points des murs, on lit la pièce suivante :

« *Traditio continua est et nunquam interrupta apud omnes gentes orientales, hanc petram dictam mensa Christi, illam ipsam esse suprà quam Dominus noster Jesus Christus cum suis comedit discipulis ante et post suam resurrectionem à mortuis.*

« *Et sancta romana Ecclesia indulgentiam concessit septem annorum et totidem quadragenarum omnibus Christi fidelibus hunc sanctum locum visitantibus, recitando saltem ibi unum Pater et Ave, dummodo sint in statu gratiæ.* »

Dans la vallée proche de la ville est la fontaine dite de *la Vierge ;* les femmes y vont remplir leurs cruches qu'elles portent sur la tête comme au temps de Notre-Seigneur. On a justement remarqué que, s'il est un lieu dans la Terre-Sainte qui ait été plus particulièrement honoré de la présence de la Vierge, c'est certainement celui-ci, car la fontaine n'a pas changé de place, et les femmes de Nazareth y vont encore chercher de l'eau comme le faisait la sainte Mère de notre divin Maître.

Les voyageurs s'accordent à dire qu'après l'église du Saint-Sépulcre, l'église de Nazareth est la plus belle de toute la Palestine; elle possède deux orgues assez bons. Dans l'intérieur du couvent il y a quelques jardins et un cimetière. Cet édifice est fortifié et sert de refuge aux chrétiens de la ville dans les temps de trouble ; onze Pères Franciscains sont attachés à l'établissement ; leurs dépenses, qui se montent environ à 22,000 francs, sont couvertes par le revenu de quelques maisons et le produit des terres qui leur appartiennent.

Avant de quitter Nazareth, nous devons faire observer que les voyageurs ne sont pas d'accord entre eux sur le nombre des habitants : le D. Richardson en compte six à sept cents, Buckingham, deux mille, et Clarck, trois mille. Il y a mille musulmans, et tout le reste sont des chrétiens et des Grecs.

A une heure et demie de Nazareth, sur le sommet d'une colline, est Refec Kanna ou Cana, village qui fut le théâtre du premier miracle de Notre-Seigneur. On y voit une petite église grecque bâtie avec la pierre des rochers voisins ; les religieux montrent des cruches qui, suivant eux, ont contenu le vin miraculeux. Tous les voyageurs, sans exception, sont unanimes pour repousser la vraisemblance de cette tradition. Il est remarquable qu'aux environs de Cana, on rencontre des monceaux énormes de fragments de pots de terre semblables à ceux décrits par les Évangélistes, ce qui témoigne assez de leur haute antiquité. Il est évident, d'après ces débris, qu'on était dans l'usage de conserver l'eau dans ces urnes, qui pouvaient contenir de quatre-vingts à cent vingt litres.

Les restes de la maison où le miracle fut opéré attirent l'attention du voyageur, qui peut aujourd'hui visiter ces lieux avec plus de sécurité que le naïf Doubdan. « De là dit-il, nous retournâmes sur nos pas, à l'entrée du village par où nous avions passé, pour aller voir la fontaine où on alla puiser l'eau qui servit à ce miracle, mais les femmes et les enfants nous pensèrent accabler de pierres et d'injures, tant ils sont inhumains et ennemis des chrétiens. » Cependant le pieux pèlerin, bravant le danger, continue son exploration, et trouve dans le village les ruines d'une église due à sainte Hélène; mais il porte surtout son attention sur la fontaine révérée qui fournit l'eau dont Jésus se servit. Cette eau est claire, limpide, et d'un goût excellent. La plaine est fertile ; elle est entourée de collines couvertes de nopals, de chênes, de grenadiers, de figuiers et de quelques palmiers. Les voyageurs préfèrent reposer à l'ombre d'un bosquet d'olivier que d'entrer dans le village qui ne leur offre aucune commodité ; c'est du reste une coutume qui date d'un temps immémorial.

Le paysage qui s'étend depuis le lac de Tibériade jusqu'aux sources du Jourdain est plein de grandeur et de beauté ; l'aspect des montagnes qui le bordent est magnifique, quoiqu'elles soient constamment couvertes de neige. La plaine est d'une extrême fertilité et animée par plusieurs villages qui respirent l'aisance et le bonheur. Le Jourdain sort du lac Hode ou Julias, et il est immédiatement alimenté par plusieurs petits courants, de sorte qu'il est impossible de déterminer la vraie source du fleuve sacré.

La seule ville un peu considérable qui se trouve entre Capharnaüm et la chaîne de l'Hermon, est Japhet, une des quatre villes consacrées par la vénération religieuse des Hébreux. Suivant les relations les plus récentes, elle est bâtie sur plusieurs collines et divisée en quatre quartiers dont le plus vaste est occupé par les Juifs. La colline principale est surmontée d'une forteresse que les enfants d'Israël regardent comme contemporaine de leurs anciens rois.

Japhet est encore aujourd'hui une espèce d'université pour les rabbins; il y a habituellement vingt-cinq ou trente élèves venus de divers pays de l'Asie, de l'Afrique, de l'Europe. Les Juifs n'y possèdent pas moins de sept synagogues. Leur attachement pour ce lieu provient de diverses causes et notamment de la croyance superstitieuse que c'est de cette ville que doit sortir le Messie qui rétablira le royaume d'Israël. Au nord, et sur la colline où se trouve la forteresse, on voit plusieurs puits, creusés, suivant quelques auteurs, par Isaac, et qui furent cause d'une querelle entre les gens du patriarche et les habitants de Gerar. Mais Pococke fait observer que le village de Gerar est à une très-grande distance de l'autre côté de Jérusalem. Au reste, ce village, qui n'est mentionné qu'une seule fois dans le livre de Tobie comme appartenant à la tribu de Nepthali, a eu une certaine célébrité pendant les croisades, et fut occupé par les Français lors de leur dernière invasion.

C'est en vain qu'on veut s'efforcer de fixer la véritable position de Dan, le point extrême du territoire propre primitivement assigné aux Hébreux. On sait que cette ville était près des sources du Jourdain, et cette indication devrait être suffisante pour guider les géographes dans leurs recherches; mais, ainsi que nous venons de dire, les ruisseaux qui concourent dès l'origine à former le courant du fleuve, sont nombreux, et chacun peut prétendre à l'honneur d'être la source principale. De sorte que la situation positive du temple où Jéroboam adora les veaux d'or est et sera longtemps le sujet des conjectures des savants.

On regarde généralement cette ville de Dan comme formant la limite nord du royaume d'Israël, mais on lit dans le livre de Josué qu'il prit tout le pays depuis la montagne de Kalak, qui monte vers Seir, jusqu'à Baal-Gad dans la vallée du Liban, sous le mont Hermon. Au nombre des villes que Salomon fit bâtir, le livre des chroniques cite Balaath dans le Liban, qui est probablement le même que Baal-Gad devenu le terme des conquêtes de Josué. Enfin, la maison de campagne construite par le grand roi, nommée *Saltus Libani*, et dont le livre des rois nous donne une splendide description, prouve évidemment que la domination des rois d'Israël s'étendit à une certaine époque sur la Cœlosyrie. Ces faits donnent un certain degré de probabilité à l'opinion de ceux qui prétendent que les ruines célèbres de Balbek sont un reste de la grandeur du plus puissant, du plus magnifique des rois d'Israël. Toutes les pierres de la maison du Liban étaient de prix, de la dimension des pierres de taille, polies en dedans et en dehors; tous les murs en étaient construits jusqu'au sommet de l'édifice; les fondements étaient également des pierres de prix d'une masse de huit à dix coudées.

Quelques commentateurs de la Bible pensent que Balbek est la ville de Baal-Gad au pied du Baal-Hamon, et dont il est question dans le huitième chapitre du Cantique des cantiques. Balbek était le nom primitif de la ville qui nous occupe; les Grecs l'ont changé en celui d'Héliopolis, qui signifie la même chose, *ville du Soleil*; les Romains, en adoptant la dénomination grecque, n'ont conservé nulle part le nom de Balbek, mais ce nom s'est perpétué dans le langage du pays, tandis que celui donné par les vainqueurs a disparu avec leur domination.

Depuis que le vice-roi d'Égypte a étendu son autorité sur cette portion de l'empire ottoman, la vallée qui sépare le Liban de l'Anti-Liban, a été souvent visitée par les voyageurs européens, et tous attestent l'exactitude de la description donnée par Robert Wood, dans son bel ouvrage intitulé *Ruines de Balbek*. Voici quelques passages empruntés à la description de M. de Lamartine : « J'avais, dit-il, traversé les sommets du Sannin couverts de neiges éternelles, et j'étais redescendu du Liban couronné de son diadème de cèdres dans le désert nu et stérile de Héliopolis, à la fin d'une journée pénible et longue. A l'horizon, encore éloigné devant nous, sur les derniers degrés des montagnes noires de l'Anti-Liban, un groupe immense de ruines jaunes, doré par le soleil couchant, se détachait de l'ombre des montagnes, et se repercutait des rayons du soir. Nos guides nous le montraient du doigt, en s'écriant : *Balbek! Balbek!* C'était, en effet, la merveille du désert, la fabuleuse Balbek qui sortait toute éclatante de son sépulcre inconnu, pour nous raconter des âges dont l'histoire a perdu la mémoire. Nous avancions lentement, les yeux attachés sur les murs gigantesques, sur les colonnes éblouissantes et colossales qui semblaient s'étendre, grandir, s'allonger à mesure que nous approchions; un profond silence régnait dans notre caravane, chacun aurait craint de perdre une impression de cette heure en communiquant celle qu'il venait d'avoir. Les Arabes mêmes se taisaient et semblaient recevoir aussi une forte et grave pensée de ce spectacle qui nivelle toutes les pensées. Enfin, nous touchâmes aux premiers tronçons de colonnes, aux premiers blocs de marbre que les tremblements de terre ont secoué jusqu'à plus d'un mille des monuments mêmes, comme les feuilles sèches jetées et roulées loin de l'arbre après l'ouragan ; les profondes et larges carrières qui fendent, comme des gorges de vallées, les flancs noirs de l'Anti-Liban, ouvraient déjà leurs abîmes sous les pas de nos chevaux ; ces vastes bassins de pierre, dont les parois gardent les traces profondes du ciseau qui les a creusés pour en tirer d'autres collines de pierres, montraient encore quelques blocs gigantesques à demi détachés de leur base, et d'autres taillés sur leurs quatre faces, et qui semblent n'attendre que les chars ou les bras des générations de géants pour les mouvoir. Un seul de ces moellons de Balbek avait soixante-deux pieds de long sur vingt-quatre pieds de largeur et seize d'épaisseur.... Il faudrait les forces réunies de soixante mille hommes de notre temps pour soulever seulement cette pierre, et les plates-formes de Balbek en portent de plus colossales encore, élevées à vingt-cinq ou trente pieds du sol pour porter des colonnades proportionnées à ces bases.

« Nous suivîmes notre route entre le désert à gauche et les ondulations de l'Anti-Liban à droite, en longeant quelques petits champs cultivés par les Arabes pasteurs et le lit d'un large torrent qui serpente entre les ruines, et au bord duquel s'élèvent quelques beaux noyers.

« L'Acropolis, ou la colline artificielle qui porte tous les grands monuments d'Héliopolis, nous apparaissait çà et là entre les rameaux et au-dessus de la tête des grands arbres; enfin, nous la découvrîmes en entier, et toute la caravane s'arrêta, comme par un instinct électrique. Aucune plume, aucun pinceau ne pourraient décrire l'impression que ce seul regard donne à l'œil et à l'âme. Sous nos pas, dans le lit du torrent, au milieu des champs, autour de tous les troncs d'arbres, des blocs de granit rouge ou gris, de porphyre sanguin, de marbre blanc, de pierre jaune aussi éclatante que le marbre de Paros, tronçons de colonnes, chapiteaux ciselés, architraves, volutes, corniches, entablements, piédestaux, membres épars, et qui semblent palpitants, des statues tombées la face contre terre, tout cela confus, groupé en monceaux, disséminé et ruisselant de toutes parts, comme les laves d'un volcan qui vomirait les débris d'un grand empire; à peine un sentier pour se glisser à travers ces balayures des arts qui couvrent la terre. Le fer de nos chevaux glissait et se brisait à chaque pas dans les acanthes polies des corniches, ou sur un torse de femme; l'eau seule de la rivière de Balbek se faisait jour parmi ces lits de fragments et lavait de son écume murmurante les brisures de ces marbres qui font obstacle à son cours.

« Au delà de ces écumes de débris qui forment de véritables dunes de marbre, la colline de Balbek, plate-forme de mille pas de long, de sept cents pieds de large, toute bâtie de main d'homme, en pierres de taille, dont quelques-unes ont cinquante à soixante pieds de longueur sur quinze à seize pieds d'élévation, mais la plupart de quinze à trente. Cette colline de granit taillé se présentait à nous par son extrémité orientale, avec ses bases profondes et ses revêtements incommensurables, où trois morceaux de granit forment cent quatre-vingts pieds de développement et près de quatre mille pieds de circonférence. Sur cette immense plate-forme, l'extrémité des grands temples se montrait à nous, détachée de l'horizon bleu et rose, en couleur d'or. Quelques-uns de ces monuments déserts semblaient intacts et paraissaient sortir des mains de l'ouvrier; d'autres ne présentaient plus que des restes encore debout, des colonnes isolées, des pans de murailles inclinés et des frontons démantelés; l'œil se perdait dans les avenues étincelantes des colonnades de ces divers temples; l'horizon trop élevé nous empêchait de voir où finissait ce peuple de pierre. Les six colonnes gigantesques du grand temple, portant encore majestueusement leur riche et colossal entablement, dominaient toute cette scène, et se perdaient dans le ciel bleu du désert, comme un autel aérien pour les sacrifices des géants.

« .... Nous approchâmes lentement de la colline artificielle pour bien embrasser du regard les différentes masses d'architecture qui la composent; nous arrivâmes bientôt, par la partie du nord, sous l'ombre même des murailles gigantesques, qui, de ce côté, enveloppent les ruines. Nous passâmes le torrent de Balbek, et nous montâmes par une brèche étroite et escarpée jusqu'à la terrasse qui enveloppait ces murs : à chaque pas, à chaque pierre que nos mains touchaient, que nos regards mesuraient, notre admiration et notre étonnement nous arrachaient une exclamation de surprise et de merveille. Chacun des moellons de cette muraille d'enceinte avait au moins huit à dix pieds de longueur sur cinq à six de largeur et autant de hauteur. Ces blocs, énormes pour la main de l'homme, reposent sans ciment, l'un sur l'autre, et presque tous portent les traces d'une sculpture d'une époque indienne ou égyptienne. On voit au premier coup d'œil que ces pierres écroulées ou démolies ont servi primitivement à un tout autre usage qu'à former un mur de terrasse et d'enceinte, et qu'elles étaient les matériaux précieux des monuments primitifs dont on s'est servi plus tard pour en ceindre les monuments des temps grecs et romains.

« Arrivés au sommet de la brèche, nos yeux ne savaient où se poser : c'étaient partout des portes de marbre d'une hauteur et d'une largeur prodigieuses, des fenêtres et des niches bordées des sculptures les plus admirables, des cintres revêtus d'ornements exquis, des morceaux de corniches, d'entablements ou de chapiteaux, épais comme la poussière sous nos pieds, des voûtes à caissons sur nos têtes, tout mystère, confusion, désordre, chef-d'œuvre de l'art, débris du temps, inexplicables merveilles autour de nous; à peine avions-nous jeté un coup d'œil d'admiration d'un côté, qu'une merveille nouvelle nous attirait de l'autre. Nous renonçâmes promptement à bâtir aucun système sur l'ensemble de ces ruines; nous nous résignâmes à regarder et à admirer, sans comprendre aucune chose que la puissance colossale du génie de l'homme et la force de l'idée religieuse, qui avaient pu remuer de telles masses et accomplir tant de chefs-d'œuvre. Nous étions séparés encore de la seconde scène des ruines par des constructions intérieures qui nous dérobaient la vue des temples. Nous n'étions, selon toute apparence, que dans les logements des prêtres ou sur le terrain de quelques chapelles particulières, consacrées à des usages inconnus....

« .... Nous marchâmes vers le midi, où la tête des six colonnes gigantesques s'élevait comme un phare au-dessus de cet horizon de débris ; pour y parvenir, nous fûmes obligés de franchir encore des murs d'enceintes extérieures, de hauts parvis, des piédestaux et des fondations d'autels qui obstruaient partout l'espace entre ces colonnes et nous : nous arrivâmes enfin à leur pied. Le silence est le seul langage de l'homme quand ce qu'il éprouve dépasse la mesure ordinaire de ses impressions ; nous restâmes muets à contempler les six colonnes et à mesurer de l'œil leur diamètre, leur élévation et l'admirable sculpture de leurs architraves et de leurs corniches : elles ont sept pieds de diamètre et plus de soixante-dix pieds de hauteur ; elles sont composées de deux ou trois blocs seulement, si parfaitement joints ensemble, qu'on peut à peine discerner les lignes de jonction ; leur matière est d'une pierre d'un jaune légèrement doré qui tient le milieu entre l'éclat du marbre et le mat du travertin ; le soleil les frappait alors d'un seul côté, et nous nous assîmes un moment à leur ombre : de grands oiseaux, semblables à des aigles, volaient, effrayés du bruit de nos pas, au-dessus de leurs chapiteaux où ils ont leurs nids, et revenant se poser sur les acanthes des corniches, les frappaient du bec et remuaient leurs ailes, comme des ornements animés de ces restes merveilleux.....

« Nous avions en face, du côté du midi, un autre temple placé sur le bord de la plate-forme, à environ quarante pas de nous; c'est le monument le plus entier et le plus magnifique de Balbek, et j'oserai dire du monde entier ; si vous redressiez une ou deux colonnes du péristyle roulées sur le flanc de la plate-forme, et la tête encore appuyée sur les murs intacts du temple; si vous remettiez à leurs places quelques-uns des caissons énormes qui sont tombés du toit dans le vestibule ; si vous releviez un ou deux blocs sculptés de la porte intérieure, et que l'autel, recomposé avec les débris qui jonchent le parvis, reprît sa forme et sa place, vous pourriez rappeler les dieux et ramener les prêtres et ce peuple ; ils reconnaîtraient leur temple aussi complet, aussi intact, aussi brillant du poli des pierres et de l'éclat de la lumière que le jour où il sortit des mains de l'architecte. Ce temple a des proportions inférieures à celui que rappellent les six colonnes colossales; il est entouré d'un portique soutenu par des colonnes d'ordre corinthien ; chacune de ces colonnes a environ cinq pieds de diamètre et quarante-cinq pieds de fût ; les colonnes sont composées chacune de trois blocs superposés ; elles sont à neuf pieds l'une de l'autre et à la même distance du mur intérieur du temple ; sur les chapiteaux des colonnes s'étend une riche architrave et une corniche admirablement sculptée. Le toit de ce péristyle est formé de larges blocs de pierre concave, découpés avec le ciseau en caissons, dont chacun représente la figure d'un dieu, d'une déesse ou d'un héros : quelques-uns de ces blocs sont tombés à terre aux pieds des colonnes ; nous les mesurâmes : ils ont seize pieds de largeur et cinq à peu près d'épaisseur. Ce sont là les tuiles de ces monuments. La porte intérieure du temple, formée de blocs aussi énormes, a vingt-deux pieds de large. L'aspect des pierres sculptées qui composent les faces de cette porte, et sa disproportion avec les restes de l'édifice, me font présumer que c'est la porte du grand temple écroulé qu'on a insérée dans celui-ci; les sculptures mystérieuses qui la décorent sont, à mon avis, d'une tout autre époque que l'époque antonine et d'un travail infiniment moins pur. L'intérieur du monument est décoré de piliers et de niches de la sculpture la plus riche et la plus chargée; plusieurs de ces niches sont parfaitement intactes. Non loin de l'entrée du temple, nous trouvâmes d'immenses ouvertures et des escaliers souterrains qui nous conduisirent dans des constructions inférieures dont on ne peut assigner l'usage; tout y est également vaste et magnifique. Craignant de nous égarer dans ces labyrinthes, nous n'en visitâmes qu'une petite partie; ils semblent régner sur toute l'étendue de ce mamelon. Ce temple est placé à l'extrémité sud-ouest de la colline monumentale de Balbek; il forme l'angle même de la plate-forme. En sortant du péristyle, nous nous trouvâmes sur le bord du précipice; nous pûmes mesurer les pierres cyclopéennes qui forment le piédestal de ce groupe de monuments; le piédestal a trente pieds environ au-dessus du niveau du sol de la plaine; il est, comme nous l'avons dit, construit en pierres dont la dimension est tellement prodigieuse, que si elle n'était attestée par des voyageurs dignes de foi, l'imagination des hommes de nos jours serait écrasée sous l'invraisemblance; l'imagination des Arabes eux-mêmes, témoins journaliers de ces merveilles, ne les attribue pas à la puissance de l'homme, mais à celle des génies. Quand on considère que ces blocs de granit taillé ont, quelques-uns, jusqu'à cinquante-six pieds de long sur quinze de large, d'une épaisseur inconnue; et que ces masses énormes sont élevées les unes sur les autres à vingt ou trente pieds du sol, qu'elles ont été tirées de carrières éloignées, apportées là et hissées à une telle élévation pour former le pavé des temples, on recule devant une telle épreuve des forces humaines; la science de nos jours n'a rien qui l'explique, et l'on ne doit pas être étonné qu'il faille alors recourir au surnaturel. Ces merveilles ne sont pas évidemment de la date des temples, elles étaient un mystère pour les anciens comme pour nous; elles sont d'une époque inconnue, elles ont probablement porté beaucoup de temples consacrés à des cultes successifs et divers. A l'œil simple, on reconnaît cinq ou six générations de monuments appartenant à des époques diverses sur la colline des ruines de Balbek. »

Les anciens auteurs qui ont écrit sur ces imposantes ruines, ont fait bien des conjectures sur la forme et la position des temples qui couronnaient cette montagne factice qui leur servait de fondement et de parvis. On a cru généralement reconnaître dans les ruines du grand temple un plan général d'après lequel le monument aurait été précédé d'une cour immense de huit cents pieds de long sur deux cents de large. Deux rangées de sphinx conduisaient à un vaste portique élevé de dix pieds; le portique, soutenu par des colonnes de marbre, servait d'entrée à un vestibule par lequel on arrivait à un second portique, suivi d'un second vestibule; de là on montait au temple, dont la voûte, enrichie d'or et d'azur, reposait sur des colonnes de marbre et de porphyre. Il fallait traverser le temple pour entrer dans le sanctuaire, qui consistait en un dôme appuyé sur plusieurs colonnades : l'autel était placé sous le milieu du dôme. Plusieurs écrivains rapportent qu'à une partie de la voûte il existait un miroir qui réfléchissait dans le temple les rayons du soleil, de manière à éclairer cet édifice où la lumière ne pouvait pénétrer par aucune ouverture. Strabon parle du miroir, mais il ne dit rien de l'illumination merveilleuse qu'il produisait, ce qui suffit pour autoriser le doute.

Les six colonnes qui restent debout ont été regardées jusqu'à ce jour comme faisant partie de l'avenue dont nous avons déjà parlé, et qui conduisait au grand temple; M. de Lamartine pense au contraire qu'elles faisaient partie de la décoration extérieure de ce temple, et en effet le second temple, plus petit, qui existe presque entier, semble construit sur le même dessin et offre les mêmes dispositions. Le célèbre voyageur émet la pensée que le grand temple, qui d'abord existait seul, aura été détruit par un tremblement de terre, et qu'alors on aura construit le second dans des proportions moins colossales, mais plus en harmonie avec une époque de dégénérescence; il croit même que l'on aura employé à la construction du petit temple une partie des matériaux qui provenaient des ruines du grand.

Sur la plate-forme qui soutient les ruines de ces immenses monuments auxquels ne se rattache aucune histoire, aucune tradition, on trouve d'énormes crevasses, de vastes ouvertures par lesquelles on peut descendre dans des salles souterraines qui communiquent entre elles par des galeries voûtées, et dont l'usage primitif est inconnu ; ces excavations s'étendent sans doute sous toute l'étendue du monticule gigantesque qui supporte les vestiges des temples.

Balbek peut être regardée comme le chef-lieu des Moutoualis, montagnards féroces et indépendants qui se sont quelquefois soumis à payer un tribu aux maîtres du pays, mais qui n'ont jamais été les sujets d'aucun souverain turc ou égyptien. Au milieu de cette population sauvage se distinguent quelques familles qui professent la religion chrétienne et suivent la communion grecque. Il faut lire dans le récit de M. de Lamartine les touchants détails qu'il donne sur l'hospitalité que lui offrit l'évêque de Balbek, dans son palais épiscopal sans fenêtre et sans porte, formé de blocs écroulés de marbre et de porphyre, qu'il a surmontés d'un petit clocher.

Les ruines de la ville du Soleil sont peut-être les plus remarquables que présente l'Orient; en effet, des voyageurs qui ont comparé ces restes magnifiques aux ruines de Palmyre, n'hésitent pas à proclamer que ces dernières, quoique plus vastes encore, sont loin d'offrir une architecture aussi riche, et ne présentent rien d'aussi majestueux que l'intérieur de l'enceinte des temples de Balbek.

Plus on est porté à admirer ces immenses édifices, dont les vestiges se sont conservés jusqu'à nos jours, plus on s'étonne du silence que les anciens historiens ont gardé sur leur construction. Jean d'Antioche seul dit que le temple du Soleil à Balbek fut bâti par Antonin le Pieux. L'architecture, dans laquelle l'ordre corinthien domine, vient à l'appui de l'opinion qui regarde ces grandes constructions comme d'origine récente; mais sous ces ruines on en trouve d'autres qui appartiennent évidemment à un âge antérieur, et dont l'origine se perd dans la nuit des temps. Du reste, la position de Balbek, sur la route de Tyr à Palmyre, explique suffisamment son antique splendeur.

Ces ruines ont inspiré à l'illustre auteur des *Méditations poétiques* quelques vers que nous demandons la permission de citer; ils serviront de complément à la description qu'il a faite en prose, dont cette strophe est en quelque sorte le résumé :

> Mystérieux déserts dont les larges collines
> Sont les os des cités dont le nom a péri;
> Vastes blocs qu'a roulés le torrent des ruines;
> Immense lit d'un peuple où la vague a tari;
> Temples qui, pour porter vos fondements de marbre,
> Avez déraciné les grands monts comme un arbre;
> Gouffres où rouleraient des fleuves tout entiers;
> Colonnes où mon œil cherche en vain des sentiers;
> De piliers et d'arceaux profondes avenues,
> Où la lune s'égare ainsi qu'au sein des nues;
> Chapiteaux que mon œil mêle en les regardant,
> Sur l'écorce du globe immenses caractères,
> Pour vous toucher du doigt, pour sonder vos mystères,
>   Un homme est venu d'Occident.

Actuellement nous allons traverser la chaîne du Liban en nous dirigeant vers la mer; nous rencontrons d'abord les ruines du temple d'Adenes à Aphace; mais quel intérêt offrirait leur description après celle des magnificences de Balbek? puis, en suivant une route difficile et périlleuse, on arrive à la plus haute cime du Liban, où sont ces fameux cèdres dont le nom est irrévocablement attaché à celui de la montagne qui les porte. Ces arbres sont les monuments naturels les plus célèbres de l'univers; la religion, la poésie et l'histoire les ont également consacrés. L'Écriture sainte les célèbre en plusieurs endroits. Ils sont une des images que les prophètes emploient de prédilection ; Salomon voulut les employer à l'ornement du temple qu'il éleva le premier au Dieu unique, sans doute à cause de la renommée de magnificence et de sainteté que ces prodiges de la végétation avaient à cette époque. Le nombre de ces arbres diminue chaque siècle. Les voyageurs en comptèrent jadis trente ou quarante, plus tard dix-sept, plus tard encore une douzaine, maintenant il n'y en a plus que sept, que leur masse fait présumer contemporains des temps bibliques. Autour de ces arbres vénérés il reste une petite forêt de cèdres plus jeunes qui parurent à M. de Lamartine former un groupe de quatre ou cinq cents arbres. Un exact et minutieux voyageur anglais les a comptés un à un ; selon lui, le total est de trois cent quarante-trois. Au pied des cèdres de Salomon on a élevé un autel grossier sur lequel, chaque année, au mois de juin, les habitants chrétiens de la vallée font célébrer le saint sacrifice de la messe. Est-il dans le monde un autel plus magnifique !

Une végétation très-riche couvre les hauteurs du mont Liban ; l'*authyllis tragancathoïdes* y étale ses groupes de fleurs pourprées ; l'œillet du Liban, l'*ancaryllis* des montagnes, le lis blanc et le lis orangé mêlent l'éclat de leurs couleurs au vert des pruniers rampants. Les neiges mêmes sont bordées de la belle *xeranthemun frigidum*. Toute la grande chaîne des montagnes de Syrie offre peu de variation dans ses roches ; la masse consiste en pierres calcaires grises ; dans les vallées, l'argile schisteuse, le trapp et le grès carié se montrent au jour. On rencontre des poudingues et très-fréquemment des conglomérats calcaires. Le nitre y abonde ; l'alun et le vitriol sont un peu moins fréquents ; le seul minéral est le fer. Les profonds ravins de ces montagnes sont sillonnés par un grand nombre de ruisseaux qui jaillissent de toutes parts avec une extrême abondance. Les neiges en couvrent perpétuellement les points les plus élevés. Arvieux et Pococke les ont vues au mois de juin ; Rauwolf et Korte, en août, le Père Quent, au mois d'octobre ; M. de Lamartine, qui fit son excursion dans le Liban au mois d'août, ne put approcher à plus de cinq cents pas des cèdres, à cause de la quantité de neige qui couvrait la cime de la montagne.

L'eau, la fraîcheur, la bonté du terrain dans les vallées entretiennent ici une éternelle verdure ; mais que seraient ces dons de la nature, si l'intelligence des habitants ne savait en tirer avantage ? C'est à la civilisation, à l'industrie, qui se sont conservées à l'abri des traditions chrétiennes, que les montagnes du Liban doivent leur admirable culture, et ces murs qui, s'élevant en terrasses, soutiennent les terres fertiles, et ces vignobles plantés avec art sur les pentes rocailleuses, et ces bosquets de cotoniers, d'oliviers et de mûriers qui montrent partout le travail de l'homme. La vigne produit ici des grappes énormes, dont chaque grain a la grosseur d'une prune. Les chèvres et les écureuils, les perdrix et les tourterelles paraissent les races animales les plus nombreuses ; les uns et les autres tombent souvent sous la serre de l'aigle et sous la griffe de la panthère.

Dans ces asiles presque inaccessibles vivent deux

peuplades différentes de religion et de mœurs, mais ayant le même penchant pour l'indépendance, les *Maronites* et les *Druses*.

Le pays des premiers s'appelle le Kesraouan, d'où les historiens des croisades ont fait Castravan ; il s'étend du fleuve Kébir à celui de Kelb. Les Maronites, au nombre d'environ cent vingt mille, vivent dans des villages et des hameaux. Le couvent Kanobin, où réside leur patriarche, peut être considéré comme leur chef-lieu. Ils exportent leurs blés, leurs cotons par Tripoli et Djebile. Divisés en peuple et en chéicks ou notables, tous cultivent la terre de leurs propres mains, tous vivent frugalement au sein de leur chaste famille et sous un toit rustique où le voyageur chrétien trouve toujours une réception hospitalière.

Les Druses, aussi nombreux à peu près que les Maronites, habitent plus au sud. Leur contrée est divisée en plusieurs quartiers différant pour le sol et les productions. Le Matné, qui est au nord, renferme au sein de ses rochers de riches mines de fer ; le Garb, qui vient ensuite, nourrit de belles forêts de sapins. Le Sahel, ou le pays plat, voisin de la mer, produit des mûriers et des vignes ; le Chouf, canton central, donne les meilleures soies. Le Tehaf, ou le district des pommes, est au midi ; le Chagif a les meilleurs tabacs ; enfin on désigne sous le nom de Djourd la région la plus élevée et la plus froide où, dans l'été, les pasteurs se retirent avec leurs troupeaux. Deir-el-Kamar, c'est-à-dire la maison de la lune, gros bourg mal bâti dans le canton de Chouf, est la résidence de l'émir ou prince des druses. C'est la religion qui élève une barrière entre cette peuplade et les autres Syriens. Leur croyance, longtemps ignorée en Europe, concentrée parmi les Okals ou docteurs des Druses, est aujourd'hui connue par la publication de plusieurs livres dogmatiques, écrits en arabe, mais d'un style très-obscur. C'est une espèce de déïsme qui se mêle à la croyance en la métempsycose et à l'adoration d'un veau. Ces traces de l'ancienne religion des Samaritains et de quelques sectes juives, rapprochées de certains passages où les Hébreux parlent d'une nation d'*Iturs* que l'on peint comme indomptables, font penser que les anciens Iturs se sont toujours maintenus dans leur indépendance primitive au milieu des révolutions qu'a éprouvées la Syrie. Ces peuples, qui méprisent souverainement le mahométisme, se font respecter par la simplicité de leurs mœurs; invincibles dans leurs montagnes, ils ignorent l'art de combattre en plaine; leur fidélité égale leur courage; jamais ils ne trahissent l'infortuné qui vient implorer leur protection, mais ils vengent le sang par le sang, et on a vu les *fédariés* ou satellites de leurs émirs, semblables aux anciens assassins, frapper les ennemis de leurs maîtres au milieu de cités populeuses.

Ces mœurs farouches font encore mieux ressortir les vertus que les maronites doivent à leur religion; le son des cloches et la pompe des processions attestent que jamais ils n'ont laissé porter atteinte à la liberté de leur culte, auquel ils se montrent plus attachés qu'à la vie. On retrouve parmi eux la ferveur des premiers disciples de Jésus-Christ; un nombre infini d'ermites habitent les grottes et les cavernes du Liban, et plus de deux cents monastères y observent rigoureusement les règles de saint Antoine.

M. de Lamartine a fait un tableau saisissant de ces pieuses habitations.

« A chaque détour du torrent où l'écume laissait un peu de place à la terre, un couvent de moines maronites se dessinait en pierres d'un brun sanguin, sur le grès du rocher, et sa fumée s'élevait dans les airs entre des cimes de peupliers et de cyprès. Autour des couvents, de petits champs, conquis sur le roc ou le torrent, semblaient cultivés comme les parterres les plus soignés de nos maisons de campagne, et, çà et là, on apercevait les maronites, vêtus de leur capuchon noir, qui rentraient du travail des champs, les uns avec la bêche sur l'épaule, les autres conduisant de petits troupeaux de poulains arabes, quelques-uns tenant le manche de la charrue et piquant leurs bœufs entre les mûriers. Plusieurs de ces demeures de prière et de travail étaient suspendues, avec leurs chapelles et leurs ermitages, sur les caps avancés des deux immenses chaînes de montagnes; un certain nombre étaient creusées comme des grottes de bêtes fauves dans le rocher même; on n'apercevait que la porte surmontée d'une ogive vide où pendait la cloche, et quelques petites terrasses taillées sous la voûte du roc, où les moines vieux et infirmes venaient respirer l'air et voir un peu le soleil partout où le pied de l'homme pouvait atteindre. Sur certains rebords des précipices, l'œil ne pouvait reconnaître aucun accès, mais, là même, un couvent, une solitude, un oratoire, un ermitage et quelques figures de solitaires circulant parmi les rochers et les arbustes, travaillant, lisant ou priant. Un de ces couvents était une imprimerie arabe pour l'instruction du peuple maronite, et l'on voyait sur la terrasse une foule de moines allant et venant, et étendant sur des claies de roseaux les feuilles du papier humide. Rien ne peut peindre, si ce n'est le pinceau, la multitude et le pittoresque de ces retraites : chaque pierre semblait avoir enfanté sa cellule ; chaque grotte, son ermite ; chaque point avait son mouvement et sa vie ; chaque arbre, son solitaire sous son ombre ; partout où l'œil tombait il voyait la vallée, la montagne, les précipices s'animer, pour ainsi dire, sous son regard, et une scène de vie, de prière, de contemplation se détacher de ces masses éternelles ou s'y mêler pour les consacrer. Mais bientôt le soleil tomba, les travaux du jour cessèrent, et toutes les figures noires répandues dans la vallée, rentrèrent dans les grottes ou dans les monastères. Les cloches sonnèrent de toutes parts l'heure du recueillement et des offices du soir : les unes avec la voix forte et vibrante des grands vents sur la mer, les autres avec les voix légères et argentines des oiseaux dans les champs de blé ; celles-ci plaintives et lointaines comme des soupirs dans la nuit et dans le désert ; toutes les cloches se répondaient des deux bords opposés de la vallée, et les mille échos des grottes et des précipices se les renvoyaient en murmures confus et répercutés, mêlés avec le mugissement du torrent, des cèdres, et les mille chutes sonores des sources et des cascades dont les deux flancs des monts sont sillonnés. Puis il se fit un moment de silence, et un nouveau bruit plus doux, plus mélancolique et plus grave remplit la vallée : c'était le chant des psaumes qui, s'élevant à la fois de chaque monastère, de chaque église, de chaque oratoire, de chaque cellule de rochers, se mêlait, se confondait en montant jusqu'à nous comme un vaste murmure, et ressemblait à une seule plainte mélodieuse de la vallée tout entière qui venait de prendre une âme et une voix; puis un nuage parfuma cet air que les anges auraient pu respirer; nous restâmes muets et enchantés comme les esprits célestes quand, planant pour la première fois sur le globe qu'ils croyaient désert, ils entendirent monter de ces mêmes bords la première prière des hommes; nous comprîmes ce que c'était que la voix de l'homme pour vivifier la nature la plus morte, et ce que ce serait que la poésie à la fin des temps, quand tous les sentiments du cœur humain éteints et absorbés dans un seul, la poésie ne serait plus ici-bas qu'une adoration et un hymne! »

Si, au lieu de suivre les anfractuosités du Liban et de passer par le pays des anciens Phéniciens pour gagner le bord de la mer, le voyageur revient vers Nazareth, il fait d'abord halte à Séphora, l'ancienne Diocœsarée des Romains, la plus grande ville de la Palestine après Jérusalem dans le temps d'Hérode-Agrippa.

Un grand nombre de pierres creuses, restes d'anciens tombeaux, marquent la route jusqu'au sommet du mamelon où Séphora est assise; il y a une colonne de granit isolée qui indique la place du temple; de beaux chapiteaux sculptés gisent au pied de la colonne, et d'immenses débris de pierres taillées et enlevées à de grands monuments romains sont épars partout et servent de limites aux champs des Arabes.

Le talmud fait mention de cette ville comme étant le siége d'une école célèbre par la science de ses rabbins. Mais il y a à Séphora une tradition qui la rend plus intéressante aux yeux des chrétiens; on y montre la maison où demeuraient Joachim et Anne, père et mère de la vierge Marie. Aussitôt que Constantin eut appris que cette maison subsistait encore, il donna ordre de bâtir à la place une magnifique église dont les restes ont été décrits avec une grande exactitude par le docteur Clarke.

« On nous conduisit, dit-il, aux ruines d'un édifice gothique qui paraissait être le plus beau morceau d'architecture de la Terre-Sainte; on passe pour entrer sous des arcades massives de pierre; le toit de l'édifice est également en pierres. Au point d'intersection de la croix grecque, il y a également des arcades qui, dans le principe, soutenaient un dôme ou une tour. L'aspect général est pittoresque et montre la grandeur et la noblesse du style de l'architecture; des colonnes brisées de granit et de marbre gisent çà et là et prouvent que l'édifice était richement décoré. Une aile entière de l'église est encore debout; à son extrémité orientale, la piété des pèlerins a élevé un petit autel grossier avec des débris; il est d'une construction toute récente. Quelques fragments des décorations primitives ornent cet autel qui est respecté des musulmans, quoique l'église soit toujours ouverte. »

Le D. Clarke a examiné plusieurs tableaux découverts peu de temps avant son passage. Le premier représente le repas que Notre-Seigneur fit avec deux de ses disciples à Emmaüs; l'autre montre la sainte Vierge enveloppant le divin Enfant dans ses langes; et le même sujet est traité sur le troisième, mais avec des circonstances différentes. Ces peintures ressemblent à celles qu'on voit dans les églises de Russie; elles sont sur des pièces de bois carrées, d'un pouce d'épaisseur.

La plaine de Zabulon sépare ce village de la chaîne de collines qui regarde Acre et les bords de la mer.

Avant de quitter ces contrées, il nous reste à saluer la célèbre montagne du Carmel; visitons-la avec le Père Géramb:

« On donne spécialement ce nom de Carmel, dit-il, à la montagne de la chaîne de ce nom, la plus rapprochée de Caïffa, sur le sommet de laquelle s'élèvent le monastère et l'église qui est dédiée à saint Élie; ce fut sur cette montagne que demeura longtemps le prophète; on voit encore dans l'église la grotte où il se cachait pour se soustraire aux persécutions d'Achab et de Jézabel; elle a environ quinze pieds de long sur douze de large: elle servait au saint d'asile et d'oratoire.

« A la grotte est adossée une chapelle que l'on regarde comme la plus ancienne de toutes celles qui ont été érigées en l'honneur de la sainte Vierge; elle porte le nom de *Notre-Dame du Mont-Carmel*: d'après la tradition elle remonte à l'an 83 de Jésus-Christ.

« Au bas de la montagne est une caverne longue de vingt pieds, large de dix-huit et haute de douze; une citerne et quelques arbres qui l'ombragent en font un endroit assez agréable; on l'appelle la grotte *du Fils du Prophète* ou, suivant M. Michaud, l'*École des Prophètes*.

« En 1820, pendant la guerre des Grecs contre la Porte, Abdallah, pacha d'Acre, détruisit de fond en comble le monastère et l'église du Mont-Carmel, sous le vain et ridicule prétexte que les Grecs pourraient s'en emparer et en faire une forteresse. Le grand-seigneur, qui sentit toute l'infamie d'une telle conduite, donna un firman par lequel il enjoignait au pacha de rebâtir le monastère à ses frais; mais Abdallah ne tint aucun compte de cet ordre. Les Pères Carmes, qui s'étaient attendus à cette désobéissance, prirent le parti de faire une quête en Europe, et avec les ressources qu'on leur fournit ils se mirent à l'œuvre; l'église est fort belle : malheureusement les matériaux et l'eau même ne pouvant être transportés qu'à dos d'âne ou de chameau, les dépenses sont énormes, les secours s'épuisent, et avec l'indifférence des chrétiens d'Occident, il est à craindre que l'édifice ne soit pas de sitôt achevé. »

Nous voici parvenus à la fin de notre *voyage;* nous avons décrit, d'après les documents les plus exacts, les monuments et les lieux les plus remarquables de la Terre-Sainte, et nous avons rappelé toutes les traditions qui s'y rattachent. Les voyageurs anciens et modernes, que nous avons suivis et cités, ont porté leurs explorations dans toutes les parties de la Palestine; et lorsque le mystère qui enveloppe encore la mer Morte aura été totalement soulevé, les savants n'auront plus d'autres points à mettre en discussion que ceux qui concernent les ruines romaines de la Galilée et de la Cœlo-Syrie. Mais si le voyageur ne visite plus la Palestine dans le but d'y faire de nouvelles découvertes, le chrétien trouvera toujours une source inépuisable d'ineffables émotions dans ces lieux à jamais vénérés, qui racontent encore hautement la gloire et les souffrances de notre divin Rédempteur.

FIN.

TABLE

DES CHAPITRES CONTENUS DANS CE VOLUME.

CHAPITRE PREMIER.

Intérêt qu'offre l'histoire de la Palestine. — Chaîne des traditions sacrées. — Description physique de la Palestine. — Population. — Fertilité. — Montagnes. — Divisions géographiques. 5

CHAPITRE II.

État primitif des Hébreux en Égypte, — dans le désert, — dans la terre promise. — Nature de la propriété. — Division du sol entre les tribus. — Dénombrement général. — Organisation de la tribu. — Princes des tribus. — Chefs de famille. — Organisation de la nation. — Grand conseil. — Juge d'Israël. — Administration de la justice. — État social du peuple. — Vie agricole. — Institution des Lévites. — Cités lévitiques, leur immense utilité. — Villes de refuge. — Gouvernement des juges, leurs vertus, leurs vices. 16

CHAPITRE III.

Causes qui amenèrent l'établissement de la royauté. — Saül. — David. — Salomon. — Création du temple de Jérusalem. — Roboam. — Séparation de dix tribus, établissement du royaume d'Israël, sa destruction. — Royaume de Juda. — Joachim. — Sédition. — Captivité. — Babylone. — Lamentation de Jérémie. — Retour de la captivité. — Gouvernement des Perses. — Antiochus Épiphanes. — Les Machabées. — Règne des princes asmonéens. — Conquête de la Palestine par les Romains. — Gouverneurs romains. — Insurrection générale. — Prise de Jérusalem par Titus. — Dispersion des Juifs. 31

CHAPITRE IV.

État de la Judée sous Vespasien. — Révoltes générales. — Adrien et ses édits. — Barcokebas. — Ælia-Capitolina. — Grande et dernière dispersion des Juifs. — Situation de ce peuple. — Avénement de Constantin. — Triomphe de la religion chrétienne. — Réaction sous Julien l'Apostat. — Invasion des Perses. — Héraclius. — Les musulmans.

TABLE DES CHAPITRES.

— Succession des califes. — Croisades. — Histoire du royaume latin de Jérusalem. — Situation de la Palestine jusqu'à la fin du dix-huitième siècle. — Invasion des Français. — Souvenirs qu'ils ont laissés dans le pays. — Conquêtes d'Ibrahim-Pacha. — État actuel de la Terre-Sainte. 52

CHAPITRE V.

Colléges lévitiques. — Écoles des prophètes. — Prophètes. — Faux prophètes. — Jérémie. — Supériorité de la littérature des Hébreux. — Division du temps. — Fêtes, — de Pâque, — des Semaines, — des Tabernacles. — Autres anniversaires. — Pourquoi les Hébreux n'ont pas de littérature profane. — Sublimité de leur poésie. — Leur littérature est au-dessus de celle de toutes les autres nations. 71

CHAPITRE VI.

Établissement des pèlerinages. — Leur histoire depuis les premiers temps du christianisme. — Route de Jaffa à Jérusalem. — Tour des Quarante-Martyrs. — Rama. — Village du Larron. — Château des Machabées. — Village de Saint-Jérémie. — Approches de Jérusalem. — Aspect de la ville d'après M. de Châteaubriand, — d'après M. de Lamartine. — Monastère de Saint-Sauveur. — Les Pères Franciscains. — Anecdote arrivée à M. Michaud. — Intérieur du couvent. — Église du Saint-Sépulcre. — Incendie de 1808. — Description de la basilique par le Père Géramb. — Semaine sainte à Jérusalem. — La Passion en action. — La voie douloureuse. — Digression sur la couronne d'épines. — Lieux sacrés de l'intérieur de la ville. — Chapelle des Arméniens. — Mosquée d'Omar. — Synagogues. — Montagne de Sion. — Maison de Caïphe. — Palais et tombeau de David. — Fontaine de Siloë. — Torrent de Cédron. — Vallée de Josaphat. — Tombeaux d'Absalon, de Zacharie, de saint Jacques. — Fontaine probatique. — Château des Pisans. — Murs extérieurs. — Aspect général de la ville. — Physionomie de l'intérieur. — Quartier des Juifs, — des musulmans. — Mosquées. — Convoi musulman. — Réflexions de M. Michaud. 83

CHAPITRE VII.

Jardin des Oliviers. — Sépulcre de la sainte Vierge, — de saint Joseph, — de saint Joachim, — de sainte Anne. — Grotte de l'Agonie. — Mont des Oliviers. — Grotte du Symbole des Apôtres, — de l'Oraison Dominicale. — Maison des Galiléens. — Église de l'Ascension. — Empreinte du pied de Notre-Seigneur. — Réflexions de M. de Châteaubriand, de M. Michaud. — Couvent d'Élie. — Tombeau de Rachel. — Bethléem. — Églises de Sainte-Marie, — de Sainte-Catherine.

— Grotte de Saint-Jérémie. — Sépulcre des Innocents. — Sanctuaire de la Nativité. — Messe de minuit. — Monastère des Pères Franciscains. — Village de Bethléem. — Mœurs des habitants. — Grottes du Lait, — des Pasteurs. — Citerne de David. — Piscine de Salomon. — Couvent de Saint-Saba. — Montagnes d'Arabie. — Mer Morte. — Tableau tracé par M. de Châteaubriand, — par M. Poujoulat. — Digression sur les pommes de Sodome. — Le Jourdain. — Son embouchure. — Baptême de Notre-Seigneur. — Jéricho. — Arbres remarquables. — Fontaine d'Élisée. — Montagne de la Tentation. — Place du Sang. — Fontaine des Apôtres. — Désert de Saint-Jean. — Monastère. — Maison de Zacharie. — Chapelle de la Visitation. — Béthanie. — Tombeau de Lazare. — Monastère de Mélisende. — Vallée perdue. — Il Labirinto. — Le mont Français. — Village de la Vierge. — Hébron. — Tombeaux des patriarches. — Désert entre Hébron et la mer Morte. 151

CHAPITRE VIII.

Grotte de Jérémie. — Sépulcres des rois. — Cavernes royales. — Tombeaux des juges. — Anecdote. — Villages de Bir, de Liban. — Fontaine de Jacob. — Vallée de Sichem. — Route de Naplouse. — Naplouse. — Le mont Garizim. — Samarie. — Église de Saint-Jean-Baptiste. — Divers villages. — Ruines de Geraza. — La rivière Jabbok. — Soüf. — Ruines de Gamala. — Lac de Génésareth. — Tibériade. — Capharnaüm. — Le Thabor. — Nazareth. — Monastère. — Église de l'Incarnation. — Maison de Joseph. — Église de la Salutation. — Boutique de Saint-Joseph. — Synagogue. — Mont du Précipice. — Table du Christ. — Fontaine de la Vierge. — Cana. — Sources du Jourdain. — Discussion sur le territoire de Don et sur les limites du royaume d'Israël. — Ruines de Balbek. — Cèdres de Salomon. — Vallée des Saints. — Séphora. — Vallée de Zabulon. — Le mont Carmel. — Conclusion. 193

FIN DE LA TABLE.

TOURS. — IMP. DE MAME.

www.ingramcontent.com/pod-product-compliance
Lightning Source LLC
Chambersburg PA
CBHW070633170426
43200CB00010B/2012